教育部国别和区域研究中心
哈尔滨工程大学俄罗斯乌克兰研究中心

# 中俄北极"冰上丝绸之路"
## 合作报告
### 2018

主　编：高天明
副主编：叶罗辛·瓦西里　张秀华　徐丽红

Report on the China-Russia Collaboration on the Development
of the Ice Silk Road in the Arctic 2018

时事出版社
北京

教育部国别和区域研究中心
哈尔滨工程大学俄罗斯乌克兰研究中心国别区域研究规划
哈尔滨工程大学经济管理学院、极地开发与东北亚经济研究中心重点研究方向
中国制造与国家安全产业智库重点研究课题"中俄共建'冰上丝绸之路'方案与路径研究"阶段性成果
中央高校基本科研业务费精品文科重大战略研究计划项目"中俄北极开发合作研究"阶段性成果，EUCFW170905

# 目录

## 引 言

### 第一章 / 北极开发与发展的国际治理

第一节 域内外国家北极开发与发展的国际合作 /004

第二节 部分国家北极战略概览 /008

第三节 俄罗斯北极开发战略：内容、计划、投资和技术需求 /026

第四节 俄罗斯北极地区发展战略规划的调整情况分析 /033

第五节 俄罗斯北极地区发展经济支撑区 /040

## 第二章 / 北方海航道

第一节　极地交通走廊与北方海航道 /048

第二节　北方海航道的法律基础 /054

第三节　北方海航道的通航特点 /056

第四节　北方海航道商业利用的问题、
　　　　前景和预测 /060

## 第三章 / 北方海航道作为"冰上丝绸之路"基础设施依托

第一节　北方海航道与"一带一路"线路的
　　　　比较与对接 /070

第二节　中俄开发利用北方海航道的前景与风险 /076

## 第四章 / 中俄北极合作的现状与前景

第一节　中俄北极合作现状 /080

第二节　北极开发与发展的国际科技合作 /091

第三节　俄罗斯与中国合作的主要科研和
　　　　生产单位 /103

## 第五章 / 东北地区参与中俄北极开发合作的战略与方向

第一节　东北地区参与"冰上丝绸之路"的
　　　　主要方向 /113

第二节 参与中俄北极地区发展合作的主要方向/119
第三节 极地科技产业集群建设初步设想/128

# 后　记

# 引 言

北极开发与国际治理已成为全球复杂政治与经济关系的重要内容。很长一段时间内，北极被视为边缘地区，而现在却越来越多地引起多国的关注。北极地区蕴含着丰富的自然资源（约占世界 1/4 的未探明能源储量，以及有色金属和贵金属矿藏），全球能源生产亦逐渐向北转移（世界约 1/4 的天然气和 10% 的石油开采），北极航道在不久的将来可能会成为连接亚洲、欧洲和北美洲市场独特的海上运输物流通道，并将形成海运交通网络。

2017 年 6 月，《"一带一路"建设海上合作设想》将"冰上丝绸之路"纳入"一带一路"总体布局。2018 年 1 月 26 日，国务院发布《中国的北极政策》白皮书，提出了中国北极的政策主张，倡议各方共建"冰上丝绸之路"，共建经北冰洋连接欧洲的蓝色经济通道。

　　丰富的自然资源储备和开发更短的北极新航线，使北极开发充满了吸引力。中国是近北极国家，亦是北极利益攸关方，积极参与北极国际治理不仅符合自身的重大战略利益，同时也体现了我全方位、多层次、立体化的外交布局。参与北极国际治理与开发可以促进中国与北极国家开展全方位的外交，还可以通过实际参与具体国际开发合作项目，实现利益诉求。俄罗斯是北极地区的主要国家，拥有丰富的自然资源，拥有在北冰洋最长的海岸线，并控制着亚洲到欧洲的海上最短航道——北方海航道。2017年7月，习近平总书记在与俄罗斯总理梅德韦杰夫会晤时表示，中国愿意参与北极海上走廊的开发与发展，与俄罗斯共同开发北方海航道，并建设"冰上丝绸之路"。

　　中国积极参与北极全球治理和北极地区的开发合作，完全符合全球和区域协调发展战略，建设国际极地产业合作中心，契合北方省份产业特点，以及东北老工业基地振兴的方向。中国东北地区与俄罗斯接壤，地缘气候条件独特，具备成为北极国际开发合作核心区的基础和优势。同时，也可以充分利用国际陆海通道，连通俄罗斯北方海航道，与中国其他省份，以及俄、日、韩和欧亚各国之间建立产业、物流、贸易与投资的国际协作中心。本报告初次尝试性地分析了东北地区建设连接东北亚、欧洲、北美的北极航道及其交通走廊和物流枢纽的可能性，存在的障碍及前景，以及黑龙江省建立北极开发科技产业集群的可行性。

　　目前，中国对北极开发问题尚缺乏系统研究。本报告从国别和区域研究角度着眼，以大量俄罗斯文献资料为基础，力求从俄罗斯的视角展现其北极开发战略和对华合作方向，为中国制定参与北极国际治理和开发合作战略提供参考。报告很多内容和方向的研究尚属首次，文献资料和数据匮乏，有待进一步扩展和深入，欢迎相关领域专家多提宝贵意见，共同交流探讨。

**高天明**

2018 年 3 月于哈尔滨

- 第一章 -

北极开发与发展的国际治理

第一节 域内外国家北极开发与发展的国际合作

近年来，北极地区的国际合作明显加强，并取得了一定成效。基于北极资源开发的新前景，以及该地区的自然和气候变化、冰层融化，北极和非北极国家希望更明确地界定主权范围。到目前为止，国际社会还没有缔结任何界定北极法律地位的国际条约。北极领土的法律地位由国际法准则、北极国家的国家立法和双边协定予以调节。[①]

---

① АСС. Замороженные границы: как страны делят Арктику. Режим доступа: http://tass.ru/arktika-segodnya/4132845.

第一章 北极开发与发展的国际治理 >>

北极陆地面积约 1400 万平方公里，包括八个北极国家——俄罗斯、加拿大、丹麦（格陵兰岛自治州）、美国、冰岛、挪威、瑞典和芬兰。俄罗斯和加拿大拥有约 80% 的北极地区陆地，斯堪的纳维亚国家约占 16%，美国占 4%。整个北极地区 1/3 的地区被北冰洋覆盖（参见图 1—1）。

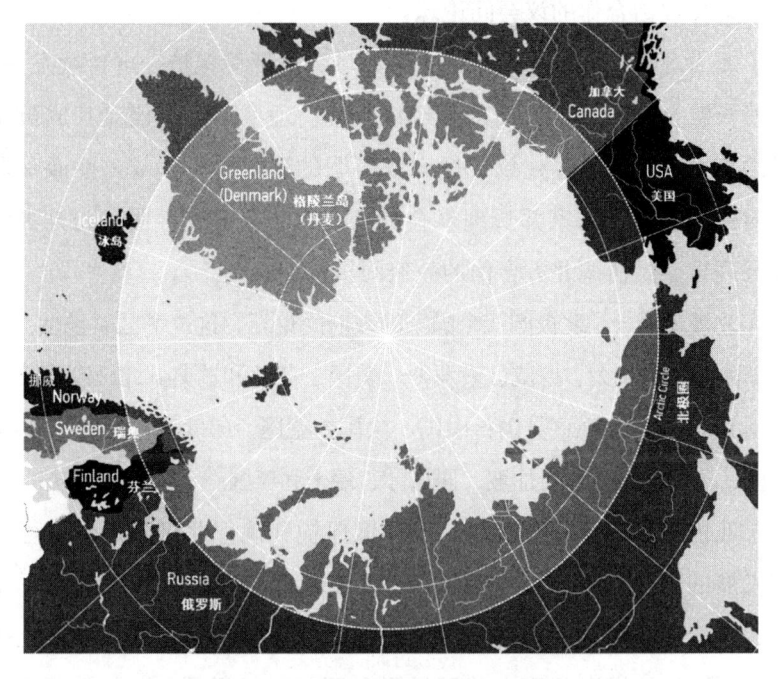

图 1—1 北极八国和北极地区图[1]

图片来源：http：//arctic.ru/geographics/。

北极合作的体制结构由两个相互交叉的集团组成：次区域集团

---

[1] http：//arctic.ru/geographics/.

和国际集团。次区域集团包括旨在深化一体化、扩大北欧国家之间跨境民间合作和人文合作的政府间和非政府间组织。国际集团是与北极地区的全球性问题相关的国际机构的总和。该集团的核心是北方理事会和北极理事会。

北方理事会是由丹麦、冰岛、挪威、芬兰和瑞典组成的，旨在推动地缘政治合作的议会间论坛。

北方理事会成员国协作的主要领域为：环境保护、可持续发展、自然资源合理利用、巩固市场经济基础。理事会的决议对其成员不具约束力，决议通过建议、提案或声明的形式向一个或一些成员国政府或者向北方国家部长理事会提出建议、提案或声明。北方国家部长理事会是协调北方合作的政府间机构。[1]

北极理事会是北极圈八个国家的政府间论坛，这八个国家包括：丹麦、冰岛、加拿大、挪威、俄罗斯、美国、芬兰和瑞典。北极理事会还包括13个非北极观察员国：中国、法国、德国、印度、意大利、日本、韩国、荷兰、波兰、新加坡、西班牙、瑞士和英国。[2]

北极理事会管辖权涉及北极环境保护和确保北极附近地区可持续发展的国际合作的所有问题。[3] 北极理事会是职能受限的国际组织，其活动权限无法超越八个北极国家的主权权利和管辖权。北极理事会不审议沿岸国家大陆架界限和调节通航问题。这些问题适用

---

[1] http：//www.arctic-info.ru/encyclopedia/countries-and-regions/arkticheskiy-sovet/severnyy-sovet/.
[2] http：//www.arctic-council.org/index.php/en/about-us/arctic-council/observers.
[3] Харлампьева Н. К., Лагутина М. Л. Международное сотрудничество в Арктике：эколого-политический аспект // Среда обитания. Режимдоступа：http：//www.terrahumana.ru/arhiv/10_03/10_03_42.pdf.

于《联合国海洋法公约》中关于管理北极航运、运输和物流的基本原则。除了联合国的专门机构国际海事组织的公约外,还制订并推荐使用《极地水域营运船舶指南》。[1] 国际船级社亦提出设计和建造极地船舶的统一要求。[2]

北极地区国际合作的主要议题是通过发展海运走廊形成北极地区国家和合作伙伴国家间稳固的经贸关系。[3] 北极水域是北极开发和航运发展的关键,其中包括内河、领海、沿岸地区以及专属经济区。[4] 因此,北极开发从某种意义上可以被认为是在国际法或沿岸国家法律框架下的水域内建设和发展交通与物流产业链。

根据《联合国海洋法公约》,只有5个直接毗邻北极的国家(加拿大、丹麦、挪威、美国和俄罗斯)有权开发利用北极附近地区的大陆架及其资源潜力,但许多国家力图反驳这些北极地区的"特权"。其中,芬兰、瑞典以及一些北极域外的国家(中国、日本、韩国、新加坡等国)认为,必须将北极资源视为全人类的共同财产,并通过广泛的国际合作来实现北极资源开采和渔业等活动。

北极域外国家对北极的开发和利用关注不断增加,这显示了传统国际合作正逐步向地区间跨国协作过渡。协作除涉及传统双边和多边的国家关系外,还包括北极地区国家立法机构间的合作、政府

---

[1] Arctic Council. (2009). Arctic Marine Shipping Assessment Report 2009.

[2] http://www.arctis-search.com/Governance + of + Arctic + Shipping&structure = Arctic + Policies + and + Governance.

[3] Arctic Economic Council. Available at: https://arcticeconomiccouncil.com/about-us/.

[4] Østreng, W. (2013). "Ocean Law, Coastal Waters, Jurisdictional Controversies and Indigenous Peoples' Rights." In W. Østreng (Ed.), *Shipping in Arctic Waters. A Comparison of the Northeast, Northwest and Trans Polar Passages*. Amsterdam: Springer.

间及非政府组织间合作、地区组织间合作，以及共同的投资项目，其中也有中国资本的积极参与。在北极地缘政治和经济重要性不断增强的背景下，该地区国际合作的特点是以保证可持续发展和生态安全为首要原则。

## 第二节　部分国家北极战略概览

北极域内大部分国家的法律包含了规范化法令，用以调节其在北极地区活动的主要方向和领域。近期的典型特征是，大多数北极国家在本国法律实践中由应对本国问题转向制定确立北极地区治理原则和规则的综合性规范文件。

### 一、北欧

北欧地区包括芬兰、瑞典、挪威、丹麦和冰岛五国。一方面，北欧国家在涉及外交和安全方面的国家制度和战略指导方针各不相同；另一方面，长期以来北欧五国在经济、社会、生态及外交政策方面的协调配合以及共同拥有的政治、金融、经济制度又将其紧密地联系在一起。由于可用于开发的本国资源有限，美国、俄罗斯、加拿大和一些北极域外国家在该地区的竞争日益激烈，五国的北极政策日趋统一。尽管如此，每个国家的北极政策依旧各有特点。

挪威北极政策的框架基础是 2006 年通过的《挪威政府高北地区

战略》，① 该战略文件确立了挪威北极政策的七个主要优先发展方向：

- 确立挪威在该地区的主权地位；
- 通过在挪威所属的北极地区建立新研究中心，以及发展现有研究中心来鼓励北极科学研究；
- 保护环境并为该区域可持续发展创造良好条件；
- 为巴伦支海能源开采及整个挪威和部分极地地区相关业务的开展创造有利条件；
- 保护北极原住民（萨米人）的生活环境、生活方式及传统文化；
- 加强北极地区人员的交往；
- 开展与俄罗斯在北极生态保护和自然资源开发领域的合作。

目前，经过一系列修改，"2006年战略"已升级为《2017年高北地区战略》，② 确定了以下政策内容：

- 加强资源开发、提高航运效率、充分利用气候变化带来的新航道与机遇；
- 综合管理海洋资源；
- 根据巴伦支海大型能源储量相关预测，建设新油气区基本框架；
- 承认国际海洋法基本原则；

---

① "Norwegian High North Strategy". Available at: http://www.geopoliticsnorth.org/index.php?option=com_content&view=article&id=84:arctic-strategy-documents&catid=52&showall=&limitstart=7.

② "The High North Strategy 2017". Available at: https://www.nrcc.no/news/1145-the-high-north-strategy-2017.

- 与北极和北欧国家建立双边或多边框架下的合作体系。

挪威北极政策的主要目标是维护和平、稳定及加强战略可预测性，确保充分考虑环境保护利益的整体发展管理体系，深化国际合作并加强法治，通过共同采取地区及国家层面的各种措施来刺激本国经济发展，发展基础设施，开展科学研究。[1]

丹麦北极政策的基础是，2011年丹麦与其在北极主要领地格陵兰岛和法罗群岛的自治机构协商后通过的《2011—2020年丹麦王国北极战略》。[2]

丹麦的北极战略主要确定了以下方向:[3]

- 保证北极地区和平稳定、安全防御（优先采用国际法，加强航行安全，保证主权地位）；
- 实现自足增长与发展（采用最高标准开采矿产、利用可再生能源、可持续开发生物资源、增长与发展建立在科学数据的基础上、积极参与国际贸易）；
- 加强对北极气候、环境及自然的保护（扩大对气候变化影响的认识，保护自然环境及生物多样性）；
- 密切与国外伙伴合作（寻求解决全球挑战的全球解决方案，扩大区域合作，确保双边基础上的国家利益）；

---

[1] Коптелов В. Россия и Норвегия в Арктике. Режим доступа: http://russiancouncil.ru/analytics-and-comments/analytics/rossiya-i-norvegiya-v-arktike/.

[2] "Denmark, Greenland and the Faroe Islands: Kingdom of Denmark Strategy for the Arctic 2011–2020". Available at: http://www.geopoliticsnorth.org/index.php?option=com_content&view=article&id=84:arctic-strategy-documents&catid=52&showall=&limitstart=6.

[3] Коптелов В. Стратегия Дании в освоении Арктики. Режим доступа: http://russiancouncil.ru/analytics-and-comments/analytics/strategiya-danii-v-osvoenii-arktiki/.

## 第一章　北极开发与发展的国际治理

丹麦位居全球十大航运国之列，优先利益之一就是发展北极交通走廊，尤其是北方海航道。世界上第一艘通过北方海航道的外国船只为2010年将挪威铁矿石货物运往中国的丹麦散货船——北欧巴伦支号（Nordic Barents）。

丹麦为达到既定战略目标，有意借助国家措施（与格陵兰和法罗群岛就北极议题开展更为密切的协作，继续开展对北极的科学研究，加强在其海洋和大陆地区的主权与控制权），不仅积极在国际组织内（北极理事会、国际海事组织、北欧国家部长理事会），而且与美国、加拿大、挪威、冰岛和俄罗斯通过双边合作的形式推进和巩固自己的立场。

芬兰的北极战略于2010年通过。① 战略不仅确立了芬兰作为北极国家的利益，以及北极地区对芬兰和全球安全的威胁与挑战，还为完善交通运输及北极出口发展提出了具体行动建议。② 芬兰在北极经济领域中尤为关注造船、木材与采矿业，以及相关的基础设施建设。芬兰在北极地区的主要经济目标是确立其作为北极研究大国的地位。在科学技术领域，芬兰将专有技术的使用和国家为企业提供政策支持作为优先发展方向。③

---

① "Finland's Strategy for the Arctic Region." Available at: http://www.geopoliticsnorth.org/index.php?option=com_content&view=article&id=84:arctic-strategy-documents&catid=52&showall=&limitstart=1.

② BarentsObserver. (2010). Финляндия. Арктическая стратегия с упором на Баренцево сотрудничество. Режим доступа: http://barentsobserver.com/ru/sections/politics/finlyandiya-arkticheskaya-strategiya-s-uporom-na-barencevo-sotrudnichestvo.

③ Телегина Е., Моргунова М. Стратегия Финляндии в освоении Арктики. Режим доступа: http://russiancouncil.ru/analytics-and-comments/analytics/strategiya-finlyandii-v-osvoenii-arktiki/.

芬兰实现北极利益的战略包括三个层面：①

1. 与邻国俄罗斯、瑞典和挪威的双边关系。与这些国家的合作不仅包括参与北极自然资源的开发，而且还包括旨在发展边境地区的跨境项目。发展从亚洲到欧洲和北美的运输走廊对芬兰来说意义重大，运输走廊通过莫斯科、圣彼得堡、芬兰的拉彭兰塔、瑞典和挪威的港口；

2. 北欧合作。芬兰积极参与北欧部长理事会、北极专家顾问委员会、北欧投资银行、北欧环境发展基金框架下的北极合作规划项目；

3. 参与国际组织。芬兰竭力强化北极理事会在解决北极问题方面的作用，给予理事会更大的权力，并将其决议由建议性变为强制性。2017年5月，芬兰接替美国成为北极理事会主席，任期两年。任期内，芬兰在北极理事会的主要议题是环境保护，包括保护生物多样性、开发北极通信网、扩大大气观测、海洋和冰川气象站的覆盖面，以及有关北方原住民青少年的教育问题。②

瑞典同芬兰一样，在该地区的地理特征是没有直接进入北极的出口。

与芬兰一样，瑞典积极利用区域及次区域组织来参与北极事务。这两个国家都是北极理事会成员国，也是北欧各类组织成员国。瑞典于2011年担任北极理事会轮值主席前宣布了其首个北极战略。历

---

① Конышев В. Н., Сергунин А. А. Арктика в международной политике: сотрудничество или соперничество? - Москва: Российский институт стратегических исследований, 2011.

② BFM. RU. Финляндия стала новым председателем Арктического Совета после США. Режим доступа: https://www.bfm.ru/news/354210.

经四年的修订与更新,现在实行的是《2015年瑞典北极战略》。①

瑞典在北极开发与发展的主要目标是:

- 确保北极较低的政治紧张程度;
- 巩固北极理事会和巴伦支海欧洲北极地区合作委员会作为北极问题多边中心论坛的作用;
- 协助欧盟制定北极政策,并促进欧盟作为合作伙伴参与北极事务;
- 深化北极理事会、巴伦支欧洲北极地区理事会、欧盟项目间及基金间的相互协作;
- 提高北欧部长理事会对北极项目的关注度,以此作为对北极理事会活动的补充;
- 依据《联合国海洋法公约》和其他国际法及条约在北极开展项目合作。

瑞典在北极活动的优先方向是气候与环境、经济发展及社会领域。为实现其战略目标,提出启动一套北欧国家传统的实现机制,其中包括在国际组织中明确自己的态度立场、与邻国积极开展协作、落实本国北极地区经济和社会发展规划。②

在2002—2004年担任北极理事会轮值主席期间,冰岛逐步形成了系统的北极战略。冰岛为北极理事会提出一系列优先发展方向,

---

① Government Offices of Sweden. "Sweden's Strategy for the Arctic Region." Available at: http://www.government.se/country-and-regional-strategies/2011/10/swedens-strategy-for-the-arctic-region.

② Коптелов В. Арктическая стратегия Швеции. Режим доступа: http://russiancouncil.ru/analytics-and-comments/analytics/arkticheskaya-strategiya-shvetsii/.

其中包括保证北极人口可持续发展的条件、发展信息社会、北极地区引进新技术以及北极环境问题研究等。① 冰岛现行的北极战略已被纳入到全欧洲的北极政策战略体系之中。北极研究与开发项目昂贵，仅凭一国之力很难支撑这些项目。《北欧对外政策和安全合作》报告②对该战略的共同原则进行了阐述。报告指出，冰岛积极通过提出本国对北极大陆架的权利、参与绘制北极与北大西洋敏感地区地图、参与制订公海区域的行动规划等行动，来应对船只密集航行及争抢自然资源而引发的紧急状况。③

## 二、美国

美国北极战略的基础是 1994 年总统令中确定的美国在北极的六个关键目标：④

- 确保国家安全；
- 保护北极生态体系；
- 保证北极地区社会经济稳定发展；
- 加强北极国家的国际合作；
- 吸引原住民参与管理；

---

① Arctic Council, "Program for the Icelandic Chair of the Arctic Council 2002 – 2004." Available at: http://arcticcouncil.org/member_state/iceland

② Stoltenberg, T. (2009). "Nordic Cooperation on Foreign and Security Policy." Available at: https://www.mfa.is/media/Frettatilkynning/Nordic_report.pdf.

③ Студнева Е. Россия и Исландия: арктическое притяжение. Режим доступа: http://russiancouncil.ru/analytics-and-comments/analytics/rossiya-i-islandiya-arkticheskoe-prityazhenie/.

④ Presidential Decision Directive / NSC – 26. June 9, 1994. Available at: https://fas.org/irp/offdocs/pdd/pdd – 26.pdf.

## 第一章　北极开发与发展的国际治理

- 加强环境科学监测。

另一个重要的文件是2009年的国家安全总统令,[①]其重申了1994年令中规定的优先发展内容,并更为详细地描述了某些政策方向。其中,该文件重申了美国对北极国际治理体系的立场,认为随着该地区经济活动的增长,有关制定新的相关国际法的问题必然会产生。

美国认为,没有必要制定任何有关北极的国际条约,而是应将北极理事会作为讨论北极问题的主要平台。北极理事会被美国视为高级别的地区性论坛,并没有被赋予国际组织的地位。如果北极理事会具有国际组织的地位,那么它将有权通过可能与美国政策相冲突的决议,而美国作为该国际组织的成员则需要执行这些决议。[②]

美国在北极活动的优先方向是确保其军事战略优势和海军自由机动灵活。2009年的总统令中将"确保自由航行"作为美国在北极的主要国家利益。[③] 美国认为,北极海上运输走廊(北方海航道和西北航道)是国际海峡,应适用过境通行权并且不能用沿岸国家法律规范航行(对俄罗斯而言是北方海航道,对加拿大而言是西北航道)。

---

① National Security Presidential Directive NSPD – 66 and Homeland Security Presidential Directive HSPD – 25. January 9, 2009. Available at: https://fas.org/irp/offdocs/nspd/nspd – 66.htm.

② Тодоров А. А. О политике США в Арктике. Режим доступа: https://riss.ru/analitycs/40108/.

③ National Security Presidential Directive NSPD – 66 and Homeland Security Presidential Directive HSPD – 25. January 9, 2009. Available at: https://fas.org/irp/offdocs/nspd/nspd – 66.htm.

美国在北极的其他利益有以下三项内容:①

● 军事战略利益（反导防御和早期预警、海陆战略力量调动、战略限制、驻扎海军并进行海上作业、航海航空自由）；

● 保障内部安全利益、防止恐怖活动或其他增强在美国北极地区薄弱点的犯罪行为；

● 政治经济利益，扩大美国在北极活动参与度和积极性。

据美国地质勘探局评估，美国在北极（阿拉斯加海岸）大陆架享有整个北极未探明石油储量的约31%。②

美国没有加入1982年的《联合国海洋法公约》，而根据该公约，各国可就大陆架勘探争端问题提出申诉。2009年总统令中划定了美国海底界线，美国政府将对此拥有海洋资源开发权，这是确保美国能源和生态安全的关键方向。然而20多年来，《联合国海洋法公约》因不符合美国国家利益，始终未获得美国国会批准，尤其是各国在延伸大陆架上开采石油和天然气须向联合国国际海底管理局缴费的条款，招致美国国会的强烈反对。

2010年，美国的北极政策侧重点有所调整，但没有出现根本性变化。在2013年通过的《北极地区国家战略》③中，美国政府高度重视提高公众对北极问题的关注，主要是气候变化和环境保护方面。但是，从美国政府现在的态度来看，该国在生态环境方面的北极政

---

① Конышев В. Н., Сергунин А. А. Арктика в международной политике: сотрудничество или соперничество? –Москва: Российский институт стратегических исследований, 2011.

② Borgerson, S. (2008). "Arctic Meltdown". *Foreign Affairs*, 87, 68.

③ "National Strategy for the Arctic Region." May 10, 2013. Available at: https://obamawhitehouse.archives.gov/sites/default/files/docs/nat_arctic_strategy.pdf.

策恐怕难有进展。同时，美国似乎将继续实施 20 世纪末拟定的北极总体战略方针。北极理事会高官委员会主席、负责海洋及渔业事务的美国副助理国务卿大卫·博尔顿在声明中指出，近年来美国的北极政策方针修改微乎其微，且基本目标也一如既往，都是在确保美国利益和地区生态安全的基础上制定的。[1]

## 三、加拿大

加拿大的北极政策由其对北极主权主张及一系列官方文件确定，其中包括加拿大政府 2000 年发布的《加拿大外交政策的北方维度》，[2] 2004 年、2009 年和 2010 年又分别对其进行了大幅修改和补充。[3] 加拿大现行北极战略是基于 2009 年通过的《加拿大北方战略：我们的北方，我们的遗产，我们的未来》[4] 文件内容而制定的。

加拿大在北极地区（参见图 1—2）的优先政策大部分是为确保其北部社会经济稳定和生态可持续发展服务的，对于"加拿大北方地区"这一概念，加拿大的理解要比"北极"更为广泛。加拿大北方在地理位置上不仅指位于极圈以北的领土，还包括极圈以南的地区——

---

[1] Rosen, Y. (2017). "US Arctic Officials don't Expect Big Policy Changes with Trump Presidency." Available at: https://www.adn.com/arctic/2017/01/26/u-s-arctic-officials-dont-expect-big-policy-changes-with-trump-presidency/.

[2] Department of Foreign Affairs and International Trade. (2000). "The Northern Dimension of the Canada's Foreign Policy." Ottawa: Department of Foreign Affairs and International Trade.

[3] Тимашова Т. Н. Политика Канады в Арктике // Мировая экономика и международн-ые отношения. 2012. №1. С. 103–110.

[4] Government of Canada. (2009). "Canada's Northern Strategy: Our North, Our Heritage, Our Future. Ottawa: Government of Canada."

西北地区、努纳武特和育空地区，以及北极圈的岛屿和水域在内。加拿大北方地区占加拿大陆地国土面积的40%。加拿大北极战略方向与其说是对外的，不如说是对内的，因而与美国的政策有所不同。

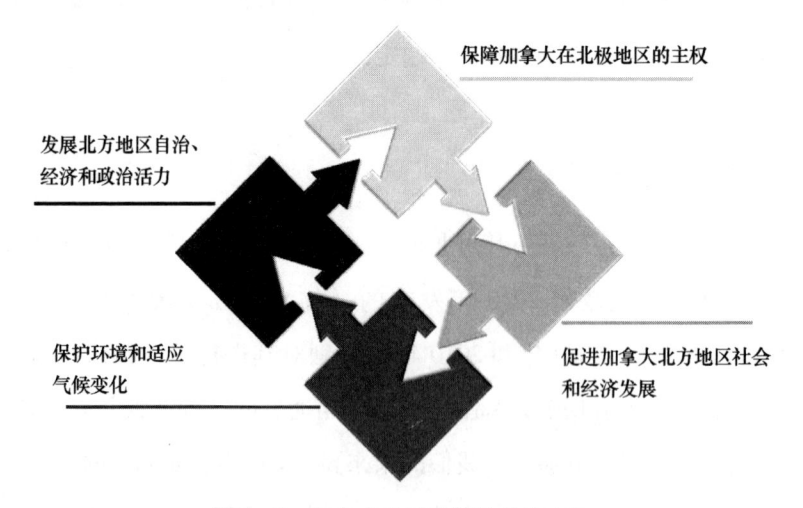

**图1—2　加拿大北极政策的优先方向**

图片来源：作者自制。

加拿大北极战略的主要方向包括：[1]

● 保障加拿大在北极地区的主权（扩大军事部署，加强对北极地区海陆空控制）；

● 促进加拿大北方地区社会和经济发展（开发石油天然气矿区，钻石开采，向北方地区提供补贴）；

---

[1] Конышев В. Н., Сергунин А. А. Стратегия Канады восвоении Арктики. Режим доступа： http：//russiancouncil. ru/analytics-and-comments/analytics/strategiya-kanady-v-osvoenii-arktiki/.

● 保护环境和适应气候变化（保护生态系统，建立国家公园，向清洁能源过渡，减少大气中的碳排放，参与制定管理北极经济活动的国际标准）；

● 将发展北方地区自治、经济和政治活力作为北方地区开发政策的一部分。

加拿大的北极战略是在国际法框架内与其他国家和组织双边及多边对话基础上实施的。加拿大在很大程度上依赖于美国的支持，与加拿大进行多边协作的其他重要伙伴国还有：挪威、丹麦、芬兰、瑞典和冰岛。加拿大与俄罗斯就北极航线开发、开展北方地区的贸易、环境保护和联合科学研究签署了备忘录。至于与北极域外国家在北极地区开展合作问题，加拿大强调，愿同其他国家在北极国家主权得到尊重和认可的条件下进行对话。[1]

加拿大从国家北极海岸线到北极方向的海洋边界是根据与俄罗斯类似方法原则确定的，其目的是确保监控北极到北极点以内的区域（沿着本初子午线从北极点到加拿大的北极大陆海岸线最东点和最西点边界线）。极地冰层融化增加了由加拿大控制的西北航道的可通航时间，成为北方海航道的替代线路。本报告在第二章第二节对这些运输通道进行了对比分析。不过，加拿大对西北航道的控制权受到美国方面的质疑，因为美国将该航道视为过境运输的国际航行海峡。而在北极理事会框架下，加拿大关于北极航行的重要举措是提出制定关于北极纬度航行和联合搜救行动规则的具有约束性的条

---

[1] Statement on Canada's Arctic Foreign Policy. Available at: http://www.circumpolar.gc.ca.

约。条约草案主要规定了每个北极国家的责任，并规范和协调搜救中心工作活动，其中包括进行联合演习。

## 四、日本

日本是第一批对北极表现出兴趣的域外国家之一，在20世纪90年代初国际北极科学委员会（IASC）成立之际，日本就以非北极国家身份加入该组织。1993—1999年，日本参与实施了一系列国际研究项目，包括海洋政策研究基金会支持下的北方海航道研究规划和JANSROP项目，目的是研究日本船只通过北方海航道的可行性。当时日本参与北方海航道开发项目得出了并不乐观的结论，因此北极议题遭到日本政府的搁置。但2000年末，随着中国对北极兴趣越来越浓厚，日本提出申请以观察员国身份加入北极理事会，并成立了隶属于日本外务省的北极特别委员会。

日本没有任何专门实施北极综合政策的政府机构，也没有对于其他机构和部门来说作为政策实施主体的机构。相关问题按各部门管辖范围划分给了文部科学省（负责北极科学研究问题）、外务省（负责北极政策外交问题）和国土交通省（负责国家海洋政策和海上运输问题）。[1]

---

[1] Tonami, A., & Watters, S. (2012). "Japan's Arctic Policy: The Sum of Many Parts." Available at: http://www.arcticyearbook.com/images/Articles_2012/Tonami_and_Watters.pdf.

2013年，日本内阁批准了《海洋基本计划》，[①] 首次制定了日本对北极研究政策的指导原则：对北极进行观测、研究北极问题、开展北极国际合作、研究开发北方海航道的可行性。2015年，日本公布了首个国家北极政策综合构想——《日本的北极政策》。[②] 日本发展和开发北极的主要任务包括：[③]

- 最大限度地发挥日本科技领域潜力；
- 充分考虑北极生态系统脆弱且自我修复能力低的特点；
- 以和平有序的方式确保法治和促进国际合作；
- 尊重北极原住民的固有权利，保护其传统经济和社会结构；
- 全面关注北极地区安全形势；
- 确保北极地区社会经济状况与气候生态变化协调一致。

为落实上述任务，日本将建立研究协会网络，促进日本对一系列北极国际科学团体的贡献，扩大在北极国家观测站的覆盖范围。

创造经济机遇是日本利用北极海上走廊和北极资源开发的核心利益之一。日本政府于2013年通过的《海洋基本计划》强调利用北方海航道的重要性，并采取一切可行措施增强未来实际利用的可能性。北极资源的开发对保障日本国家能源安全意义重大。日本40%以上的初级能源贸易额是由石油贡献的，其中80%都是通过高风险

---

[①] "Basic Plan on Ocean Policy." April 2013. Available at: https://www.kantei.go.jp/jp/singi/kaiyou/kihonkeikaku/130426kihonkeikaku_je.pdf.

[②] Japan's Arctic Policy. October 16, 2015 Available at: http://www.kantei.go.jp/jp/singi/kaiyou/arcticpolicy/Japans_Arctic_PolicyENG.pdf.

[③] Стрельцов Д. В. Политика Японии в Арктике // Сравнительная политика и геополитика. 2017. No. 8 (1). C. 93–103.

的南方航线从波斯湾国家运输而来。① 2011年福岛第一核电站事故发生后，日本能源供应来源及其运输路线多样化问题加剧，当时日本政府的目标是扩大日本在国外矿藏的参与份额。

日本在扩大北方海航道交通运输的同时，也关注生态问题，其中包括因石油及石油产品泄漏引发的潜在危险，以及航线船只的污染物排放。日本在国家北极政策框架下获取到许多珍贵极地海产品的同时，也关注北极流域的海洋生物资源保护。

### 五、韩国

韩国于1987年开始着手制订北极规划，当时韩国海洋研究与发展研究所设立了极地研究中心。经过多次变化，2004年该中心改为韩国极地研究所，成为国家极地开发规划的独立运营机构。另一个极地研究中心设立在韩国海洋研究院，釜山和蔚山的分支机构负责研究北极交通运输和极地物流运输发展等问题。

在促使韩国对北极如此重视的一系列因素中值得一提的是，韩国积极客观评估北方海航道商业开发的经济可行性。另一个促使韩国对北极兴趣高涨的原因是对能源的需求和追求能源及矿物原料来源的多样性。韩国政府试图把韩国变成一个地区性的石油调度中心。韩国地理位置靠近北方海航道、俄罗斯远东、中国、日本和东南亚国家，使其成为通过北极输油的理想通道。为成为石油枢纽，韩国

---

① Hideki, A. (2012). Recommendations for Japan's Diplomacy "Arctic Governance and Japan's Diplomatic Strategy" Projects. Available at: https://www2.jiia.or.jp/en/pdf/research/2012_arctic_governance/08e-recommendations.pdf.

政府计划到2020年将其石油储量扩大到6000万桶。与此同时，韩国正在研究开发与北极大陆架海底深钻有关的自有技术。

2013年，韩国就开发北极在政府文件中制定了《韩国北极政策》。[①] 韩国针对北极事务制定了四个目标：[②]

- 加强北极国际合作；
- 在北极开展科学研究；
- 通过在北极理事会的积极工作，创造新的商业机会；
- 确保参与北极战略的机构的安全，其中包括影响制定北极开发的法律条件。

韩国共有七个部门负责这些任务的实施工作：海洋水产部、外交部、未来创造科学部、产业通商资源部、环境部、国土交通部和韩国气象厅。[③]

韩国北极科学规划包括以下方向：

- 极地气候变化及其全球性后果；
- 极地生物多样性和适应特性；
- 极地地质构造；
- 基于新技术的古气候研究（陨石研究和极地冰深钻）；
- 促进域外亚洲国家极地研究；

---

① Arctic Portal. Arctic Policy of the Republic of Korea. Available at: http://www.library.arcticportal.org/1902/1/Arctic_Policy_of_the_Republic_of_Korea.pdf

② Иванов И. С. （ред.） Азиатские игроки в Арктике: интересы, возможности, перспективы. - Москва: Российский совет по международным делам, 2016.

③ Чин Д. Национальная гордость и коммерческие возможности влекут Южную Корею в Арктику. Режим доступа: http://russiancouncil.ru/analytics-and-comments/interview/natsionalnaya-gordost-i-kommercheskie-vozmozhnosti-vlekut-yu/.

- 极地经济和交通开发。

2009年，韩国建造了首艘国产破冰船"ARAON号"，以保障韩国科考站在极地进行独立科学研究，同时确保极地交通。

韩国在北极地区国际合作中最重要的任务是与北极理事会常任理事国建立稳定的合作伙伴关系，首先是加强与挪威、加拿大、美国和俄罗斯的关系。然而，韩国在北极发挥独立作用的愿望是不可低估的，这也符合该国渴望推行更加独立的外交政策的总体方针。因此，对于韩国来说，尝试调整北极理事会活动，使之朝着对域外国家更开放的方向发展，争取能够参与北极地区开发相关法律、经济技术规则的制定，或将成为该国的优先努力方向。

## 六、新加坡

新加坡没有正式的北极战略，但其国家利益在所参与的北极地区事务中能够得以体现。促使新加坡参与到北极开发的主要动机是保护北极地区环境、保障北极地区安全和经济、人力资本的稳定发展。① 新加坡还支持建立和运行可靠的海上基础设施和有效的地区紧急情况应对系统。该国积极参与制定《极地水域船舶航行安全规则》框架下的航运规则。

新加坡对北极能源资源开发表现出极大兴趣，这意味着拥有先进高科技的国家在造船、机械制造、港口基础设施建设（其中包括

---

① Singapore in the Arctic. Available at：http：//www.mfa.gov.sg/content/mfa/media_centre/press_room/pr/2013/201310/press_20131014_01.printable.html? status = 1.

在公海上采矿的基础设施）领域开辟了新的机遇。新加坡希望通过发展技术，在恶劣气候条件下，在石油储量有限的油田和天然气气田开采领域为北极开发做出贡献（目前新加坡生产的钻机约70%用于世界各地的钻探油井）。以这种身份，新加坡将自己定位为参与北极开发所有国家的强大盟友。

新加坡正在密切关注北极海运通道的开发与发展过程。新加坡的立场是基于这样一个事实：新加坡正努力在2025年前成为全球海洋产业的中心，而北极航运的发展可能会导致国际海上运输线路绕过新加坡。

新加坡北极政策的重点是发展与北极国家的双边关系，积极参与北极理事会活动。新加坡外交政策基于一贯的"力量均衡"原则。[1] 自从取得北极理事会观察员国地位以来，新加坡在物流、技术和科学研究领域为该地区发展做出了重大贡献。新加坡享有严格遵守国际法的声誉，拥有世界第二大海港，具有一定的政治影响力，可以影响北极域外国家的力量平衡。[2]

## 七、印度

印度和新加坡一样，目前尚没有明确的北极战略，但两国都有同样的顾虑，即担心极地航运的发展将导致印度港口海上交通物流

---

[1] Leifer, M.（2013）. *Singapore's Foreign Policy: Coping with Vulnerability*. New York: Routledge.

[2] Иванов И. С.（ред.）Азиатские игроки в Арктике: интересы, возможности, перспективы. – Москва: Российский совет по международным делам, 2016.

的重新分配，北极冰川融化将导致海平面上升和包括热带季风在内的气候周期干扰，这对印度而言至关重要。[①] 中国的行动是印度在北极积极活动的促进因素。中国计划通过北极运输走廊实现资源和货物供应路线多样化，并通过巴基斯坦建立运输走廊，这将减少中国对通过印度海岸附近运输路线的依赖。因此，印度担心失去对中国、南亚和东南亚其他国家的影响作用。

## 第三节　俄罗斯北极开发战略：内容、 计划、投资和技术需求

俄罗斯北极所属地是指，俄罗斯毗邻北极和包括欧亚北部海岸、北冰洋岛屿及流经楚科奇的太平洋海域等边境地区。现在的俄罗斯北极边界已在2014年5月2日颁布的俄联邦总统令"关于俄罗斯北极陆地领土"中明确规定，[②] 俄罗斯北极部分包括：摩尔曼斯克州（1）和阿尔汉格尔斯克州（8）；科米共和国（5）；雅库特共和国（6）；和卡累利阿共和国（10）；克拉斯诺亚尔斯克边疆区（7）；涅涅茨自治区（2）；楚科奇自治区（3）和亚马尔—涅涅茨自治区（4）等领土和行政区域，还有1926年4月15日苏联中央执行委员会主

---

① Mahapatra, R. (2012). "Is Arctic Rush Worth It?" Available at: http://www.downtoearth.org.in/coverage/is-arctic-rush-worth-it—38173.

② Президент России. Указ Президента Российской Федерации от 02.05.2014 г. №296《О сухопутных территориях Арктической зоны Российской Федерации》. Режим доступа: http://www.kremlin.ru/acts/bank/38377.

## 第一章　北极开发与发展的国际治理

席团的决议及其他苏联法令所规定的土地（9）。①

俄罗斯北极开发和发展政策的特点由若干因素决定，最主要的是经济利益。据俄罗斯科学院评估，全俄自然资源绝大部分储量集中在北极地区，其中黄金占40%、石油占60%、天然气占60%—90%，是全球天然气储量的30%，铬和锰占90%，铂族金属47%，原生钻石100%。② 根据总体评估结果，北极地下的矿产资源价值超过30万亿美元，其中2/3是能源资源。北极地区矿产资源勘探总成本约为1.5万亿美元。俄罗斯国内生产总值的10%是由企业在北极的生产经营活动所创造的，且他们对经济的贡献将会继续增加。在冰层不断融化的情况下，俄罗斯可以从开发欧亚海港最短航线北方海航道和开采矿产中获取巨大经济利益。北极地区直接关系到俄罗斯的国家安全，因为在此分布着俄罗斯许多重要的国防工业企业。俄罗斯国界线沿北冰洋绵延近2万公里。俄罗斯北方舰队以科拉半岛为总部基地。③

俄罗斯在北极拥有如此重大的利益是其必须制定基本文件明确国家北极战略的重要原因。

---

① Библиотека нормативно-правовых актов СССР. Постановление Президиума ЦИК от 15.04.1926 г. 《Об объявлении территорией Союза ССР земель и островов, расположенных в Северном Ледовитом океане》. Режим доступа: http://www.libussr.ru/doc_ussr/ussr_2885.htm.

② Фаляхов Р. Путин и горячие парни. Режим доступа: https://www.gazeta.ru/business/2017/03/30/10603499.shtml#page2.

③ Конышев В. Н., Сергунин А. А. Арктика в международной политике: сотрудничество или соперничество? - Москва: Российский институт стратегических исследований, 2011.

2006年，俄政府通过了《俄罗斯联邦北极地区可持续发展规划》，① 该规划作为俄罗斯北极地区可持续发展战略目标，确定了合理利用自然资源潜力、区域社会经济发展和环境保护的均衡融合的基本方针。

2008年，俄政府通过了《至2020年俄罗斯联邦北极国家政策基础和前景展望》。② 据此文件规定，俄罗斯在北极的国家利益体现为：

- 利用俄罗斯北极地区作为战略资源基地，保障完成国家社会经济发展任务；
- 维护北极地区的和平与合作；
- 保护北极独特的生态系统；
- 将利用北方海航道作为俄罗斯在北极的全国统一运输线路。

2013年，俄政府通过了《至2020年俄罗斯联邦北极地区发展和国家安全战略》，③ 表明了俄罗斯与合作国家在北极地区所面临的主要威胁及风险（极端恶劣自然条件、生态系统稳定性低、劳动力资源外流、原住民生活质量低、人口密度低且分布不均匀、缺乏开发新矿藏的技术、破冰船队老化、缺乏长期综合太空监测手段），同时也确定了俄罗斯北极发展和开发的优先方向（参见

---

① Концепция устойчивого развития Арктической зоны Российской Федерации. Режим доступа: http://www.74rif.ru/ocean-arktica.htm.

② Основы государственной политики Российской Федерации в Арктике на период до 2020 года и дальнейшую перспективу. Режим доступа: http://www.rg.ru/2009/03/30/arktikaosnovy-dok.html.

③ Правительство России. О Стратегии развития Арктической зоны Российской Федерации и обеспечения национальной безопасности на период до 2020 г. Режим доступа: http://government.ru/info/18360/.

图1—3）：

**至2020年俄罗斯联邦北极地区发展和国家安全战略**

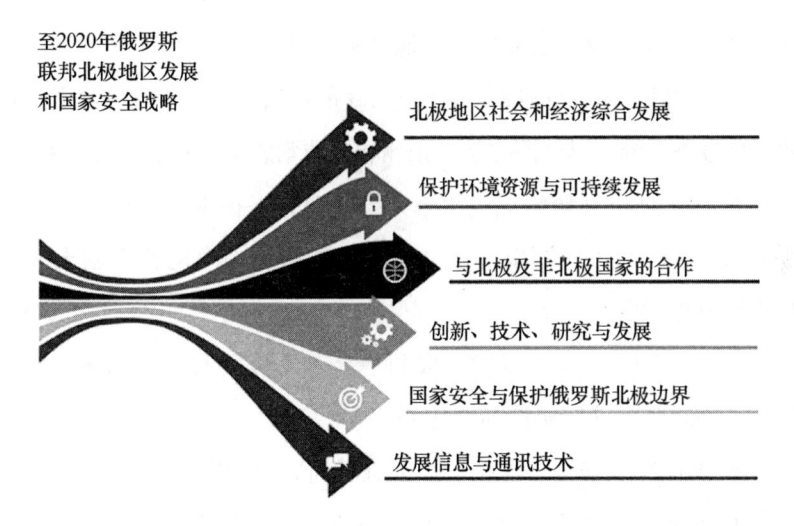

- 北极地区社会和经济综合发展
- 保护环境资源与可持续发展
- 与北极及非北极国家的合作
- 创新、技术、研究与发展
- 国家安全与保护俄罗斯北极边界
- 发展信息与通讯技术

**图1—3 至2020年俄罗斯联邦北极地区发展和国家安全战略优先方向**

图片来源：作者自制。

• 俄罗斯北极地区社会和经济的综合发展（完善国家管理，改善原住民生活质量和经济活动的社会条件，利用新技术，完善交通系统和基础设施、电信基础设施以及渔业综合体。实现路径是：为从事矿物和生物资源开发的公司提供支持和激励、使用可再生能源和替代能源、发展北极旅游。在此框架下，俄政府计划对俄罗斯北极大陆架和沿海地区进行全面研究，建立油气、有色金属、贵金属和稀有金属储备。为实现北方海航道基础设施现代化改造，将发展破冰船队，确保北方海航道全年通航，发展沿北方海航道的铁路和机场网络，建设公路网）。①

• 发展科学技术（结合国家、商业、科学和教育这"四大支柱"的资源和能力，以促进北极地区国际科学研究）；

• 发展信息和电信技术（建立可靠的通信服务、导航、水文气象和信息服务系统，以监测冰情、预测和预防紧急情况并消除其后果）；

• 保护环境（监测北极生态系统状况，保护生物多样性，消除过去北极地区经济、军事等活动对生态的影响，净化北极领土和海洋使其免受污染）；

• 发展国际合作并维护北极和平（与北极国家在国际法、生态和经济等问题上进行协调与合作）；

• 确保军事安全、保护和捍卫俄罗斯联邦国界。

2014年，通过了名为《2020年俄罗斯联邦北极地区社会经济发展》的国家规划，② 确定了俄罗斯北极政策的优先战略方向（参见图1—4）：

• 实现与北极国家协作以划分海域，解决俄罗斯北极地区外部边界的国际法律依据问题；

• 建立统一的区域搜救系统，预防技术事故并消除其后果，包括协调救援力量；

---

① Корнилова А. Из Арктики с любовью. Арктическая стратегия России до 2020 г.: от проблем к устойчивому развитию. Режим доступа: http://russiancouncil.ru/blogs/arctic/364/.

② Правительство России. Постановление от 21.04.2014 г. №366《Об утверждении государственной программы 《Социально-экономическое развитие Арктической зоны Российской Федерации на период до 2020 г.》》. Режим доступа: http://government.ru/docs/11967/.

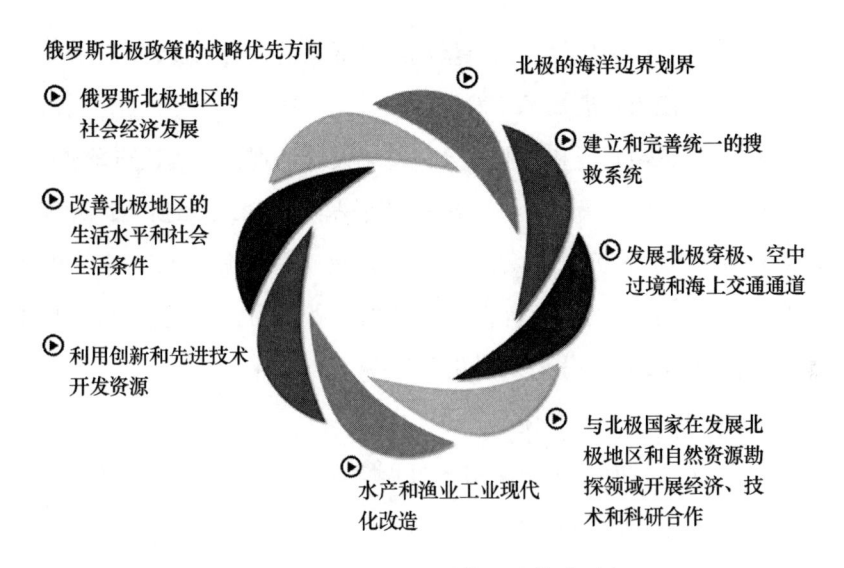

第一章　北极开发与发展的国际治理

俄罗斯北极政策的战略优先方向
- 俄罗斯北极地区的社会经济发展
- 改善北极地区的生活水平和社会生活条件
- 利用创新和先进技术开发资源
- 水产和渔业工业现代化改造
- 与北极国家在发展北极地区和自然资源勘探领域开展经济、技术和科研合作
- 发展北极穿极、空中过境和海上交通通道
- 建立和完善统一的搜救系统
- 北极的海洋边界划界

**图 1—4　俄罗斯北极政策国家战略重点**

图片来源：作者自制。

- 加强在双边基础上及在北极理事会和巴伦支/欧洲北极地区理事会等区域组织框架下与北极附近国家的睦邻关系，加强经济、科技和文化协作以及跨境合作，包括有效开发自然资源和保护北极自然环境领域的合作；
- 促进北极过境与穿越北极空中航线的组织管理和有效利用，在俄罗斯管辖框架内根据签署的国际条约促进利用北方海航道发展国际航运；
- 俄罗斯国家机构和社会组织参与涉及北极问题的国际论坛；
- 保障俄罗斯进入斯匹次卑尔根群岛；
- 完善俄罗斯北极地区社会经济发展的国家管理体系，包括扩大对北极的基础研究和应用科学研究；

- 改善北极原住民生活质量和经济活动的社会条件；
- 通过使用先进技术开发资源；
- 北极运输系统和渔业综合体基础设施的现代化改造与发展。

2017年9月，俄政府将《2020年俄罗斯联邦北极地区社会经济发展》规划的时间延长至2025年，① 新版规划更新了子计划清单和主要任务、指标和目标，确定了俄罗斯工业和贸易部为规划的共同执行单位。实施计划分为以下几个阶段（参见图1—5）：

- 2017年——筹备阶段；
- 2018—2020年——实施"发展支撑区"试点项目，名为"北极"的防冰自动平台投入使用，在萨哈（雅库特）共和国建设高科技造船厂；
- 2021—2025年——改良升级后的自动化冰情信息系统"北方"投入使用，组织高科技产品生产以满足北极地区矿产资源的地质勘探、开采和加工需求。

《2020年俄罗斯联邦北极地区社会经济发展》规划因俄罗斯2014—2016年经济形势不佳而没有从政府预算中获得拨款，新版规划预计在第二阶段拨款120亿卢布，第三阶段约1500亿卢布。②

---

① РИА Новости. Госпрограмма по развитию Арктики продлена до 2025 г. Режим доступа：https：//ria.ru/economy/20170907/1501986761.html？inj＝1.
② Информационное агентство Regnum. В РФ утверждена новая редакция программы по развитию Арктики. Режим доступа：https：//regnum.ru/news/economy/2318642.html.

第一章 北极开发与发展的国际治理

俄罗斯北极地区社会经济发展规划阶段

2017年准备阶段

2018年建立8个发展支撑区

2019年"北极"防冰自动平台投入使用

2020年萨哈（雅库特）共和国建设高技术造船厂

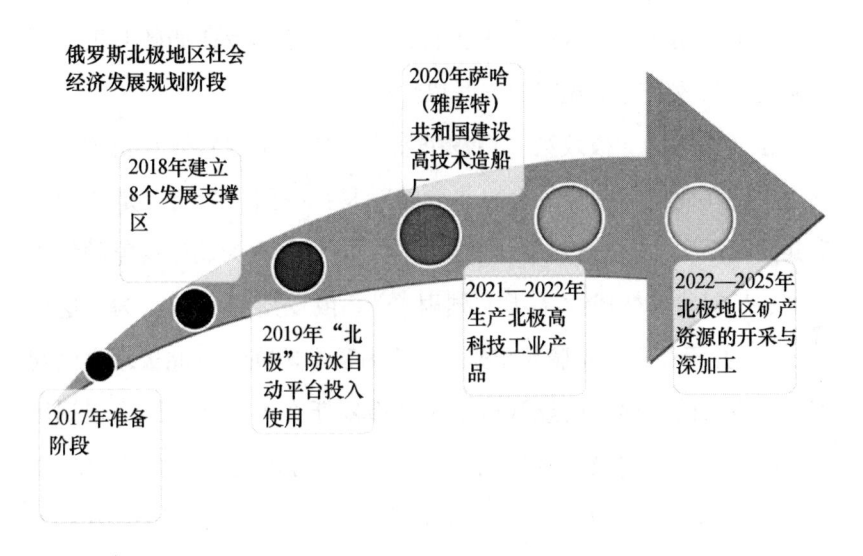

2021—2022年生产北极高科技工业产品

2022—2025年北极地区矿产资源的开采与深加工

图 1—5　俄罗斯联邦北极地区社会经济发展国家规划实施阶段

图片来源：作者自制。

## 第四节　俄罗斯北极地区发展战略规划的调整情况分析

自 2013 年亚洲国家成为北极理事会观察员国以来，俄罗斯对这些国家，尤其是对中国参与北极地区开发的态度有所转变，同时也根据本国战略发展需要和应对"一带一路"倡议，调整并充实了北极地区发展规划。

中国和其他亚洲国家获得北极理事会观察员国地位附带了严格的条件，其中一个核心条件是根据国际海洋法承认包括俄罗斯在内

| 033 |

的北极国家在北极地区的领土主权，这一点是俄罗斯调整北极发展战略规划与改变对华政策的依据和出发点。

在《中国的北极政策》白皮书发表之前，国内媒体和很多专家认为中俄在北极问题上最大的"分歧"是：中国认为北极是"全人类共同财产"，应全球共享，俄罗斯则一向将其视为北极国家的势力范围、反对将其变成"人类共同财产"。俄罗斯专家则认为，这些"分歧"并不存在，是臆想出来的，原因是中国在取得北极理事会观察员国身份的时候，已经认可了包括俄罗斯在内的北极国家根据国际海洋法公约在北极地区的领土主权。[①] 换句话说，根据国际海洋法公约，可以认定为"全人类共同财产"的只有北极沿岸国家大陆架区域以外的海底和资源，而这部分资源仅占已探明资源储量的3%左右。而且，由于北极国家在北极地区大陆架的外部边界认定工作进展缓慢，根据现有国际法，这部分"人类共同财产"的边界尚不明确，即使将来边界划定结束，它的面积亦将十分有限，大致位置应在北极中心，因此不应将其与整个北极地区相混淆。因此，中国承认北极国家领土主权与北极将出现一个属于"全人类共同财产"的区域并不矛盾，对于中国和其他域外国家来说，该区域可能更多的只是具有象征性的意义，而不具有开发和利用的前景。相反，目前探明资源储量的97%位于北极沿岸国家大陆架专属经济区内，中国只有与域内国家合作才能实现对这部分资源的开发和利用。因此，中国要参与北极的开发和国际

---

① Загорский А., Россия и Китай в Арктике: разногласия реальные или мнимые? МЭиМО, 2016 No. 2, с. 63–71.

治理，必须与北极国家在具体项目上开展合作。这一观点不仅反映了俄罗斯官方和专家们的主流观点，而且得到了其他国际知名北极问题专家的支持。

北极地区的发展是俄罗斯北极战略规划的首要目标。2016年4月，俄罗斯联邦政府讨论了最新的《北极地区发展规划》，规划的重点是在俄罗斯北极地区建设八个"支撑区"。俄罗斯经济发展部的相关人士称：北极开发是一个耗资巨大的长远规划，俄罗斯在2020年之前很难实现自己的目标，所以需要延期到2025年。先前的总投资额预算是2600亿卢布，延期后整个规划的总投资额预计可达几千亿卢布。俄罗斯北极开发规划预计将由原来的一个子项目扩展到六个，其中包括：建立八个北极开发"支撑区"、地区间合作项目、跨俄罗斯北极地区的产业链建设、环境安全、北方原住民发展、信息和法律保障。

该规划强调北极地区发展的区域原则，并指出应该重点建设和发展交通枢纽，计划在每个俄罗斯北极地区设立一个支撑区。此外，还特别强调那些与北极地区状况和基础设施紧密相关的"拉动地区"的作用。这些地区位于北极地区以南，是矿产资源产地，其设备和货物通过北方海航道运输。在吸引中国参与的问题上，俄副总理罗戈津称："北极资源的利用和开发会形成一个超越北极地区的产业链，俄罗斯可以吸引中国参与，充分利用中国的资金、市场和技术等优势。"

俄罗斯在遭受西方国家制裁的困境下，将北极地区发展作为战略重点，希望通过与中国的合作实现其北极地区发展的目标。其至在财力窘迫的情况下，俄罗斯政府仍然考虑实施十分大胆的北极地区发展方案和设想。2016年8月俄罗斯联邦安全委员会和俄罗斯科学院院士亚历山大·聂季别洛夫共同向俄罗斯联邦政府提出了一个联通西伯利亚大铁路、贝阿铁路和北方海路交通系统的超级方案，命名为"统一欧亚"。这个项目计划总投资2200亿—2240亿美元，目的在于支持发展西伯利亚、远东和北极地区。项目计划吸引中国、美国和欧盟参与。作为参与条件，美国和其他西方国家必须先撤销对俄罗斯的制裁。这一方案的主旨是"建设空间交通物流走廊"连接欧盟和亚太地区，以俄罗斯的利益和安全为核心，深度开发西伯利亚、远东和北极地区，使经济社会发展迈向一个新的水平。

这个方案提出建设两条长达9600公里的物流交通走廊，重点放在北方海航道和新建的俄罗斯高速铁路东段（西伯利亚铁路和贝阿铁路），以及交通转运节点。这个项目最大胆的设想是利用亚特兰大热气球作为交通工具，计划用它来保证西伯利亚大铁路、北极地区和北方海路之间的货流运输。以此为基础，在西伯利亚、远东和北极地区将出现新的利用水路、航空枢纽、小型航空快速起降跑道以及具有大运载能力的远程热气球网络。项目对载重运输热气球的技术和经济问题进行了一些论证，而且这个运输热气球的研发计划得到俄罗斯"斯科尔科沃"基金的支持。按照方案提出者的说法，"利用热气球的设想使这一战略性运输走廊更加具有吸引力，尤其是在北极地区可以替代'米—8'直升机，热气球的优势是可以将大吨位货物运到难以到达的地区，而且运输用热气球的承载能力是600

吨，而一个铁路车皮的运载能力只有60吨"。

"统一欧亚"交通系统建设计划分三个阶段：2018年之前为准备阶段，确定参与方；2018—2025年为交通基础设施建设阶段；2035年完成交通走廊的整体建设。项目的提出人认为，这个规划方案从地缘政治角度来看对俄罗斯将更加安全，同时与美国和欧盟的合作基础将更加坚实。项目的实施将有利于刺激地区开发和发展，带动高技术产业、移民、旅游和创造700万个就业岗位，预计回收期15—20年。

"统一欧亚"方案的设想虽然大胆，但是它却已经得到了俄罗斯外交部、国防部、俄罗斯科学院和一些高层官员的支持。俄罗斯财政部表示，目前没有足够的资金支持这个项目，但是项目方案的提出人则特别强调，现在不需要一次性地进行如此大规模的财政拨款，目前需要的是确定发展方向，找到合适的合作伙伴。"统一欧亚"的目的是长期巩固俄罗斯的经济空间，保证其开发、拓展本国的交通潜力。

通过对俄罗斯北极开发战略规划最新内容的分析，我们不难发现，俄罗斯北极开发与国际合作是以自身的领土主权和国家利益为核心，并希望利用中国的资金和市场优势来发展北极地区。从俄罗斯战略规划的设想来看，俄罗斯试图建立一个与中国"一带一路"对称的"西伯利亚—远东经济带与北方海航道"的交通系统与发展布局。俄罗斯有专家认为，"一带一路"是对俄罗斯西伯利亚大铁路和北方海航道的重大威胁，因此俄罗斯应加快西伯利亚大铁路的改造、北极地区和北方海航道的开发。从某种意义上讲，我们也完全可以从这个角度来理解俄罗斯近期推出的一系列北极发展规划和交通体系建设构想。

"西伯利亚—远东经济带与北方海航道"同"一带一路"可以实现对接，但俄罗斯是以其自身的发展战略需要为前提的。2015年9月，中俄签署协议共同在俄罗斯欧洲部分修建"贝尔卡姆尔"北极铁路，该铁路将北方海航道的重要港口阿尔汉格尔斯克与西伯利亚大铁路欧洲段连接，建成后可继续延伸至中亚对接"丝绸之路经济带"交通线路。而俄罗斯符拉迪沃斯托克自由港建设的主要目的之一则是将其作为北方海路的起点，联通亚太地区港口和中国"海上丝绸之路"的线路。俄罗斯的"西伯利亚—远东经济带与北方海路"设想虽然有诸多不足和问题，但必须承认的是，其具有十分清晰的建设和发展思路，以及相当的发展基础和潜力，基础设施线路基本上完全处于俄罗斯一国主权领土范围内，建设实施过程中无需处理复杂的多边国际关系。俄罗斯官方虽然表示支持对接"一带一路"，但在中俄目前合作的过程中，俄罗斯主要以吸引中国资金和优势服务于自身的战略需要为主，而中国则缺少参与俄罗斯北极地区开发合作的具体机制和思路，带有一定的盲目性。

迄今为止，中国还没有开展中国企业参与俄罗斯北极地区开发的系统研究，更缺乏具体可行的参与机制和平台。当前，北极治理已经从身份认同、格局划分上升为北极地区的开发与发展阶段，中国应该本着更加务实的态度，参与具体项目的开发与合作，权益总是随着参与程度的加深而逐步增长的。针对俄罗斯提出的北极开发

"支撑区"、跨北极国际产业链和交通体系建设方案，我们需要制定一套基础平台合作机制，构建中俄北极开发合作国际产业链与交通系统。将北极开发与共建"冰上丝绸之路"对接中国东北振兴与发展战略，发挥中国北方"冷资源"的优势，构建极地与寒带产业体系。无论"统一欧亚"方案的命运如何，俄罗斯以西伯利亚大铁路、北极地区开发和北方海路交通体系为基本框架的空间经济发展格局已经十分清晰。这既是俄罗斯发展战略的需要，同时也是对"一带一路"倡议的回应。我们不仅应该考虑两国发民战略的对接，而且更应该注重参与北极开发的具体项目及国际产业链合作平台的建设，共同建设"冰上丝绸之路"和"北极蓝色经济通道"，夯实参与北极国际"治理"的实践基础，从而维护和实现我国在北极地区的利益。

最新的俄罗斯北极战略以北极地区的开发为重点，其中包括建设八个北极地区发展"支撑区"，这些支撑区并不是具有明确地理边界的平台，而是一系列相互关联的项目，国家的支持能够使这些项目具有经济效益和可行性。国际经济合作将成为俄罗斯北极地区发展的重点。在此背景下，共建"冰上丝绸之路"是一个可以融合中俄双方共同利益的多层次、多要素的合作治理体系，为北极开发合作提供方案和路径。中国对参与北极开发方面的研究不是很丰富，大部分观点认为北极治理已嵌入全球治理，北极治理的主要功能是保证北极地区可持续发展，除地缘政治和科学技术保障外，还需要不断完善北极经济活动的制度规约，明确域内外国家在北极经济活动中的责、权、利，使域内外国家之间保持一种有重复性、稳定性并可预测的秩序。基于上述观点，中俄共建"冰上丝绸之路"的方案和路径将决定参与合作各方的基本利益关系。共建方案应以"区域决定论"为核心，强调借助区域框架，在谋求自身利益的导向下，行为体间进行互动。当前，北极合作的经济领域以及活动的地域空间方面也显示出明显的集聚特征。在俄罗斯官方发布的北极发展规划中所提出的"支撑区"，就可以认为是"集聚区"的一种。北极地区环境脆弱，因此北极开发合作方案应该具有集聚经济要素和比较优势的功能，将生产和人类活动尽可能地聚集在较小的空间范围，减少对环境的破坏，同时也可以提高项目的效益。

## 第五节　俄罗斯北极地区发展经济支撑区

新版俄罗斯北极规划的显著特点是对北极地区经济"支撑区"的划分，即大型交通枢纽和基础设施发达的工业开发区。"支撑区"是由联邦机构组织实施，俄政府监管，以财政预算资金优先资助的综合项目。此前，俄罗斯国家政策的基础是国家尽量不参与北极地区经济领域事务，只通过为特定地区提供一些优惠政策吸引私人企业投资开发北极。[①] 而"支撑区"的建立符合俄罗斯对国家在北极地区发展中作用的定位和新趋势。

---

① Жуков М. О развитии Арктической зоны Российской Федерации. Режим доступа：http：//rareearth. ru/ru/pub/20161128/02717. html.

俄罗斯发展北极地区的方式也发生了变化——从部门向区域转变，并且区域划分方法被认为比部门划分方法更为有效。① 相比"超前发展区"和"特别经济区"，北极"支撑区"不是为某个区域提供社会经济加速发展的平台，而是为一系列相互关联的项目提供支持，国家的支持能够使这些项目具有经济效益和可行性。② 新的北极开发战略依托于有选择的发展城市聚集区，并且使产业项目与其紧密相连。它们将成为地区的发展的基地，并设定周边地区发展半径。这种方法将创造有利条件，使重大基础设施项目在北极得以实施，实现基础设施系统的现代化，并在沿海地区建立交通、航运和其他战略项目网络，从而增加沿北方海航道干线的航运量。③

俄政府已规划建设有重点项目清单的八个支撑区，并将在国家与私人建立伙伴关系的基础上实施（参见表1—1）。俄罗斯北极地区正在实施或计划实施的145个项目涉及以下领域：矿产开采和加工——39%、运输——18%、钻石开采与加工——15%、地质勘探——7%、工业——5%、电力工程——5%、渔业和农业——4%、生态——2%、旅游——1%。④ 其中，突出17个优先项目：建立

---

① Горохова А. Стратегия развития Арктики: на что России опереться. Режим доступа: https://regnum.ru/news/2320275.html.

② РИА Новости. Минэкономразвития подготовило проект развития Арктической зоны России. Режим доступа: https://ria.ru/economy/20171110/1508533176.html.

③ Петров А. Освоение Арктики 2.0: опорные зоны как северные форпосты России. Режим доступа: https://rueconomics.ru/164259-osvoenie-arktiki-20-opornye-zony-kak-severnye-forposty-rossii.

④ О перечне приоритетных проектов, реализуемых на территории Арктической зоны Российской Федерации. 19.05.2016. Режим доступа: http://arctic.gov.ru/FilePreview/9053275b-7821-e611-80cc-e672fe4e8e4e?nodeId=7a70427c-ea71-e511-80bf-e14c6e493e30.

"北纬通道",综合开发摩尔曼斯克交通枢纽和建设萨贝塔海港、"亚马尔液化天然气"项目,开发"普里拉兹洛姆诺耶油田"等。而建设"贝尔卡姆尔"铁路干线和阿尔汉格尔斯克深水港项目,修建印迪迦深海港口和联通港口的铁路项目也已列入俄罗斯联邦交通战略和西北联邦区社会经济发展战略规划,但由于尚缺少必要的论证,还没有决定何时开始实施。

表 1—1　俄罗斯北极支撑区和重点投资项目

| 支撑区 | 区位优势 | 重点项目 |
| --- | --- | --- |
| 科拉 | 全年不冻港,拥有矿产资源,相对发达的交通、能源、工业和科学基础设施 | 综合发展摩尔曼斯克交通枢纽;<br>科拉湾西岸石油港口码头建设;<br>阿帕季特市机场基础设施重建 |
| 阿尔汉格尔斯克 | 发达的铁路基础设施和全年港口(十一月至三月只有冰级船舶或破冰船可通行) | 阿尔汉格尔斯克深水港区建设;<br>北德文斯克发展区域造船创新产业集群;<br>建设旅游休闲集群;<br>木材工业综合体改造;<br>增加新地岛群岛南部(锌、铅、银)开采 |
| 涅涅茨 | 北方海航道开发和矿产开采的可能性,将阿姆杰尔马市建成北方海航道最重要的战略交通枢纽之一 | 建设深水港;<br>纳里扬马尔和阿姆杰尔马机场及配套设施改造;<br>建设"北纬通道",确保北方铁路和斯维尔德洛夫斯克铁路联通北方海航道 |

续表

| 支撑区 | 区位优势 | 重点项目 |
|---|---|---|
| 沃尔库塔 | 伯朝拉煤田和蒂曼—伯朝拉油气区，以及金、银、铜、铅和锌矿床开采 | 建设北极海岸与俄罗斯欧洲部分相连的沃尔库塔—乌斯季—卡拉段铁路；沿北冰洋向居民点铺设光纤通信线路 |
| 亚马尔—涅涅茨 | 国内和欧洲市场能源原料的最大供应商所在地 | 开发博瓦年科沃气田；鄂毕—博瓦年科沃和博瓦年科沃—萨贝塔铁路建设；亚马尔—乌赫塔—欧洲天然气主管道建设；"亚马尔液化气"工厂投产 |
| 泰梅尔—图鲁汉斯克 | 资源开采和工业区，北极地区最大人口集聚地，诺里尔斯克工业区所在地 | 诺里尔斯克机场改造；"诺里尔斯克镍"矿山冶金公司矿山扩建和改造；建设1000万吨煤炭集装箱码头"海鸥"；开发苏尊油田 |
| 北雅库特 | 开采钻石、金、锡和锑的主要地区 | 季克西港口基础设施和机场改造；建设查达伊斯克高科技造船厂，用于建造内河船舶与"内河—海洋"船只；将济良斯科煤矿年产能提高到60万吨 |
| 楚科奇 | 交通基础设施系统项目，可以成为北方海航道东段海港的增长点 | 改造海港并为佩韦克浮动核电站建设基础设施；为具有前景的地区进行资源开发建设及改造输电线路和变电站 |

资料来源：作者自制。

科拉支撑区以摩尔曼斯克为中心，在后续发展中遇到的困难最少：有利的地理位置，可利用的矿产资源和发达的基础设施，都激发了投资者和大型矿业公司的信心。

科拉支撑区域计划实施30多个大规模投资项目。以部门为原则分为七个集群：运输和物流、海洋经济服务、石油天然气化工、矿山化工和冶金、渔业、旅游和娱乐、科学教育。[①] 建立摩尔曼斯克交通枢纽可以使摩尔曼斯克港基地成为全年运行的液体和散装货物处理深水港区中心，包括为北极地区矿山和沿北方海航道主干线分布的工业中心提供物资。枢纽建成后将把摩尔曼斯克港纳入国际运输通道，可促进沿北方海航道主干线服务的基础设施的发展以及生产力的提高。

阿尔汉格尔斯克支撑区的投资项目包括发展机械制造、造船和装备生产。支撑区还将对俄罗斯大规模木材工业综合体进行现代化改造，并扩大开采已发现的249万吨锌、54.9万吨铅和1195吨银的新地岛南部地区。

涅涅茨支撑区的优先发展方向是能源开采、国内交通基础设施建设和北方海航道项目的实施。

在长约707公里的"北纬通道"上建设连接北部和斯维尔德洛夫斯克铁路并保证联通北方海航道，这将改变北极中心地区的交通运输。按计划到2020年，"北纬通道"的运力将达到平均每年2400万吨。为发展北方海航道的货运将增加港口吞吐能力：阿姆杰尔马港将进行改造并建设因迪加港口枢纽中心，它将建成为深水不冻港，

---

① Виноградов И. Кольская опорная зона будет развиваться за счет семи кластеров Мурманской области. Режим доступа：http：//tass.ru/ekonomika/4084568.

并引领北方海航道路线上的其他地区。预计阿姆杰尔马将成为北冰洋沿岸最重要的战略交通枢纽之一。此外，该地区将重新启用阿姆杰尔马机场作为大陆架开发的航空保障。

沃尔库塔支撑区拥有区域内伯朝拉煤田和蒂曼—伯朝拉油气区新矿藏的开发潜力和机会。在该地区同样可以开采金、银、铜、重晶石、铅和锌，但储量目前还不明确。因此，沃尔库塔支撑区的发展前景主要建立在开采欧洲储量最大的约40亿吨的煤矿上。沃尔库塔支撑区所有项目建成后，采煤量将可以提高到年产2140万吨，并可延长公路和铁路线，货运量增长每年可达2400万吨。计划建设的沃尔库塔—乌斯季—卡拉铁路线将把北方海航道与内陆铁路网连接起来。此外，还将增加通讯平台在北极区的覆盖区域。

亚马尔—涅涅茨自治区是俄罗斯最大的海外市场能源供应地。每年开采80%以上的俄罗斯天然气，并且探明可采石油储量占俄罗斯总储量的14%。然而，亚马尔矿藏逐渐耗尽，所以亚马尔—涅涅茨支撑区的中心将转移到亚马尔半岛鄂毕湾和塔兹湾水域。综合发展这一区域首先是对亚马尔半岛博瓦年科沃油气田进行开发、建设鄂毕—博瓦年科沃铁路和亚马尔—乌赫塔—欧洲天然气干线管道，以及在南坦别伊气田建设亚马尔液化天然气厂。

俄罗斯政府还计划在泰梅尔—多尔干—涅涅茨自治区和诺里尔斯克市内建设泰梅尔—图鲁汉斯克支撑区。区域内经济体主要是诺里尔斯克工业区，这里生产俄罗斯90%的镍、40%的铜和98%的铂类金属。尤其在泰梅尔半岛最西部地区，迪克森海港附近的高品质煤矿的开采潜量十分可观。为运输这些资源已经开始修路，并增加港口的通航能力，特别是建成了煤炭码头"海鸥"，2019年总通航量将达1000万吨煤炭。泰梅尔—多尔干—涅涅茨区正在准备开发油田，首先是开发可生产高品质轻质原油的苏尊油田。根据2017年的情况预计每年可从这里开采石油450万吨。

北雅库特支撑区在钻石、黄金、锡和锑的开采上处于领先地位。尤其是在北雅库特地区的拉普捷夫海大陆架上的能源资源矿床，预测资源储量为50亿吨石油和天然气比为1∶1的能源单位，在东西伯利亚海大陆架上预测资源量为90亿吨石油和天然气比为1∶2的能源单位。

但是，这一支撑区的潜力到目前为止尚不能完全开发，主要是由于交通基础设施不发达。为使这一支撑区发挥作用，需要整年可用的地面交通网络，根据战略目标其核心是修建向东延伸到雅库茨克市的铁路（甚至可通过白令海峡直达北美），同样也可向西延伸。然而，目前该地区的国内运输完全依赖水运。因此，北雅库特支撑区将实行所谓的按"流域划分方法"设计建设发展方案，不仅包括海域，而且还包括负责船只装卸的北方河流下游的港口。该地区通航河流主要是勒拿河的内河航道，它将与北方海航道相连。随着水运网络的发展，季克西海港将成为地区交通枢纽。新建的查达伊斯克高科技造船厂正在计划建造内河船只和内河—海洋船只。预计，随着北雅库特支撑区的发展，到2030年货运量将约为99.5万吨。①

---

① Информационно-аналитический портал 《Будущее Арктики》. Развитие Арктики через опорные зоны-стратегия на ближайшие десятилетия. Режим доступа: http://xn—8sbbmfaxaqb7dzafb4g. xn—p1ai/razvitie-arktiki-cherez-opornye-zony-strategiya-na-blizhajshiedes-yatiletiya/.

楚科奇支撑区发展的基础是矿产储量大。但与此同时，该地区完全没有铁路交通，沥青公路只在城市和城镇可以见到。地区中心和俄罗斯一些大城市之间的联系只能依靠需要改造的机场。因此，楚科奇支撑区的主要问题是交通基础设施落后，此外还必须加强能源设施建设，楚科奇支撑区的发展战略包括在资源开发最有前景的地方新建或重建输电线路和变电站。

俄罗斯政府认为，北极地区优先投资项目的实施机制是不可撤销的相互义务，国家应建立基础设施，提供必要的优惠措施和从事经济活动的专门制度保障，而投资者则应保证向项目投资。[1] 投资者需要与支撑区所在地区签订投资协议。通过建立北极项目基金对支撑区发展规划进行资金支持，该基金由俄罗斯联邦财政、俄罗斯北极地区和投资者三方投入的资金构成。在协议框架下，投资者须投入不少于基础设施成本的20%，或签订建设项目特许经营协议。[2]

北方海航道是连接所有八个支撑区的关键要素。俄罗斯专家认为，未来北极能源开采将处于被动从属地位，应当沿着北方海航道建成石油开采和加工企业，以及船舶装载设施后，发展北方海航道将是首要任务。[3] 为此，需要大力发展交通运输系统，将矿床与铁路、河流与北方海航道港口连接起来。

---

[1] РИА Новости. Минэкономразвития подготовило проект развития Арктической зоны России. Режим доступа： https：//ria. ru/economy/20171110/1508533176. html.

[2] Пономарев В. Восемь опор и одна дорога. Режим доступа： http：//expert. ru/expert/2017/49/vosem-opor-i-odna-doroga/.

[3] Смирнова О. О. , Липина С. А. , Кудряшова Е. В. , Крейденко Т. Ф. , Богданова Ю. Н. Формирование опорных зон в Арктике：методология и практика // Арктика и север. 2016. No. 25. С. 148–157.

- 第二章 -

# 北方海航道

## 第一节　极地交通走廊与北方海航道

目前，北极已形成迅速发展的国际运输走廊网。气候变化和冰川融化将使北极开辟出三条新的主要交通走廊和航道：西北航道、穿极航道（中央航道）和北方海航道（东北航道的部分地区）。[1]

从 1958 年开始，人们利用水声探测器从潜艇中测量北冰洋一些地区冰层的厚度。这些数据显示，冬季冰层平均总厚度从 1980 年的

---

[1] Østreng, W. (2013). "Recent Trends in Arctic Geopolitics Affecting the Opportunities for Issue-Area Cohabitation and Cross-Border Collaboration." In U. Wrakberg (Ed.), *Futures of Northern Cross-Border Collaboration.* Tromsø: University of Tromsø.

3.64 米降至 2008 年的 1.89 米。1997 年之前，夏季冰面积是冬季最大值的 90%，但到 2007 年，这一比例已经下降到 55%。1980 至 2011 年期间的卫星数据显示，多年沉积的冰量大幅减少，2008 年创下历史新低。① 2008 年，北极冰层史无前例地融化，冰盖面积减少到 100 万平方公里，首次暂时无冰，为非破冰船只开辟了西北航道和北方海航道。②

尽管 2008 年后，多年冰层面积有所恢复，但海冰覆盖面积减少的趋势仍很明显。越来越新、越来越薄的冰块，使得冰级船和普通货船在夏季可以在沿海岸线地区更频繁地畅行无阻。航运与沿海活动产生的浪涌可加快海冰的融化。不过，夏季的浮冰仍然是航运的严重威胁，而且冬季辽阔的冰面也将继续阻挡大部分船舶通行。

## 一、西北航道

西北航道在加拿大北极群岛 1.9 万个岛屿之间形成了许多不同的线路。

西北航道的法律地位并不是由任何现行国际协议所规定的，但鉴于这条航线经过加拿大领海，所以属加拿大主权范围。加拿大方面认为，对过境船舶实施特别监管，以及这些过境船舶需事先获得批准都是合法的。而其他国家，主要是美国，坚持认为西北航道具

---

① Фарре А., Валеева В., Ефимов Я. Анализ потенциала арктического судоходства. Режим доступа: http://pro-arctic.ru/15/04/2015/expert/15541.

② Baiers, M. (2009). *Who Owns the Arctic*? Vancouver: Douglas & McIntyre.

有国际地位，连接两个公海区域，可以用于国际航行。

　　西北航道的深度足以承载那些对于巴拿马运河来说吃水量过大的超级油轮和集装箱船舶。① 这条航线与从中国到美国的传统货运线路相比，大大地缩短了航程：从上海经巴拿马运河到纽约的航线距离是 10500 海里，而通过西北航道的距离是 8600 海里，船只可以节省长达 7 天的航行时间。然而近期从发展商业航运的角度来看，该航道缺乏吸引力，加拿大北极群岛变幻莫测的天气条件，使可能的救援行动实施起来过于复杂，货物保险太过昂贵。沿西北航道航行受多年沉重冰层、复杂的海峡和冰核丘的严重限制。②

　　在北极气候变化加剧的情况下，西北航道可以被视为其他北极地区交通走廊的替代线路，也可作为巴拿马运河备选的替代航线。据目前预测，北极冰层将会在 2050 年 9 月几乎完全消失（即在北极冰融化最强的月份）。③ 西北航道一年将可持续通航 100 天，而不是目前的 20 天。虽然在其他一些时间段内冰层会比现在更薄，但冰粉化和粘附在船体上将产生新的问题，而有约半年的时间冰层依然会十分坚实。与此同时，格陵兰岛和西北航道地区的冰层仍然会比北方海航道海域的冰层厚很多。

　　西北航道的缺点还在于其基础设施发展程度低，以及需要通过

---

① Байерз М. Правовой статус Северо-Западного прохода и арктический суверенитет Канады: прошлое, настоящее, желаемое будущее // Вестник Московского университета. Серия 25. Международные отношения и мировая политика. 2011. No. 2. C. 92 – 128.

② Фарре А., Валеева В., Ефимов Я. Анализ потенциала арктического судоходства. Режим доступа: http://pro-arctic.ru/15/04/2015/expert/15541.

③ Чернов В. встала в проходе. Режим доступа: http://portnews.ru/comments/1687/.

一些自然资源尚未被开发的地区（这一点与北方海航道不同）。[①] 因此，航道只可能用于起点和终点之间的运输，无法中途停靠装船。

## 二、中央航道

贯穿北极的海上航线是连接东北亚和欧洲最短的海上贸易通道。沿该航线航行需要克服常年不化的冰川。但几十年后情况会发生巨大变化（参见图2—1），亚洲和北欧之间最佳的航行路线将是北冰洋的中央航道。

2017年夏，中国雪龙号极地考察船成功穿越北冰洋中央航道并完成穿极航行。[②] 在该航道所拥有的诸多优势中，除切实缩短航行距离外，还值得注意的是，它无需经过俄罗斯及加拿大内部水域。然而，雪龙号航行时伴有漂流残留物及周期性冰川，这不禁使人产生疑问：若没有巨型破冰船的协助，是否能保证全年安全航行？不久的将来，这条航线不仅需要破冰船，而且还需要引航船。北极三大运输走廊中，只有俄罗斯采用了沿北方海航道的破冰系统，这样不但可以提高船舶冰区航行的安全性，减少北极地区单独航行的风险，而且可以切实扩大安全航行期及通航地区的开发。

---

[①] Jørgensen-Dahl, A. (n. d.). "Future of Resources and Shipping in the Arctic." Available at: http://www.arctis-search.com/Future + of + Resources + and + Shipping + in + the + Arctic&structure = Marine + Transport + and + Logistics.

[②] Башкатова А. Китай ищет альтернативу Северному морскому пути. Режим доступа: http://www.yktimes.ru/%D0%BD%D0%BE%D0%B2%D0%BE%D1%81%D1%82%D0%B8/kitay-ishhet-alternativu-severnomu-morskomu-puti/.

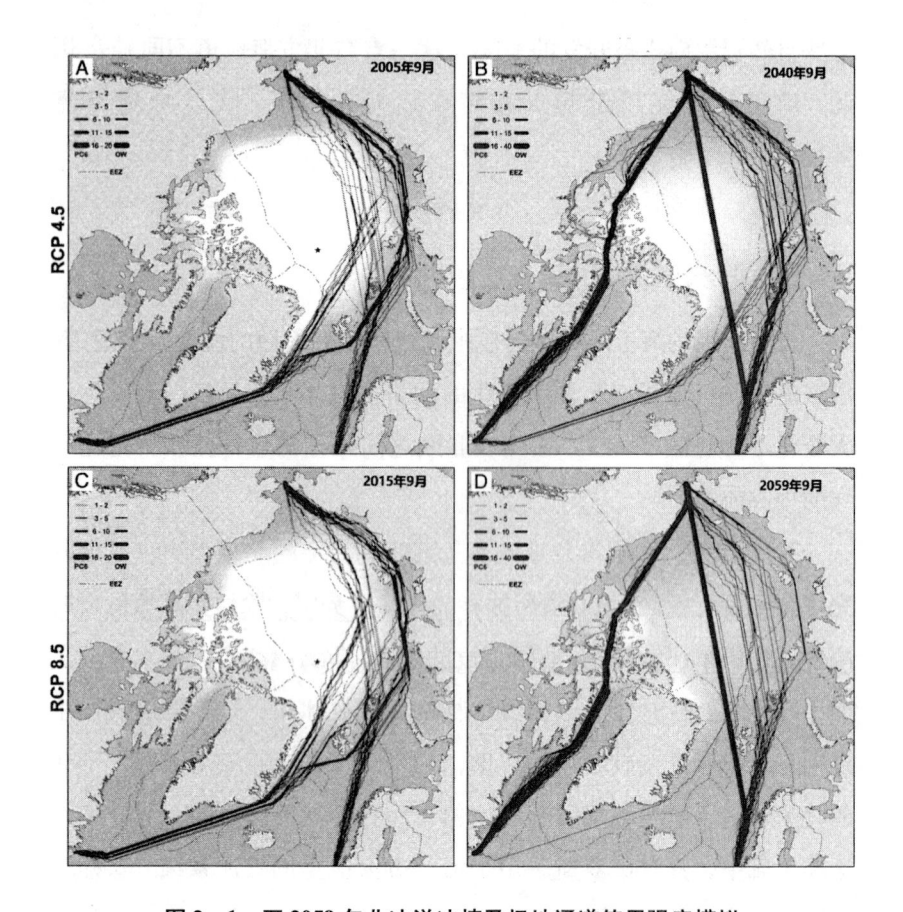

**图 2—1 至 2059 年北冰洋冰情及极地通道使用强度模拟**

图片来源：Smith, L. C., & Stephenson, S. R. (2013). "New Trans-Arctic Shipping Routes Navigable by Midcentury." *Proceedings of the National Academy of Sciences of the United States of America*, 110 (13). Available at: http://www.pnas.org/content/110/13/E-1191.full。

A - 2005 年 9 月最佳航行路线及冰情；B - 2040 年 9 月最佳航行路线及冰情
C - 2015 年 9 月最佳航行路线及冰情；D - 2059 年 9 月最佳航行路线及冰情

除了穿极航道的技术比较复杂以外，有些法律问题也有待解决。为实现航行首先必须与所有北极域内国家达成共识。雪龙号的经验表明，航线上很有可能因为复杂的冰川状况而船只受困，不能排除船只无法完全避开北极域内国家水域，不得不沿其水域行驶的情况。

## 三、北方海航道

北方海航道与东北航道的大部分重叠，因此许多文献将两个术语用作同义词。北方海航道地处俄罗斯沿北冰洋的北部海岸（巴伦支、喀拉、拉普捷夫、东西伯利亚、楚科奇和白令海），将俄罗斯的欧洲和远东港口以及通航的西伯利亚河口连成统一的运输系统。北方海航道自喀拉海峡到普罗维杰尼耶湾的长度为5600公里。北方海航道与东北航道的主要区别在于后者包括巴伦支海，并可进入俄罗斯最大的北极港口摩尔曼斯克港。

北极三条航线中，北方海航道和整个东北航道在开展北极经济活动中的发展潜力最大。这里可以实现两种运输：北极域外港口间货物过境运输和起点或终点在北极地区内的专门营运活动，包括捕鱼、海上旅游、科学考察和资源开采等活动，而其中只有资源开发产业能保障在最短时间组织营运活动，将资源从北极地区运到欧洲西部或亚洲东部。

北极欧亚地区的能源储备和矿产资源丰富，俄罗斯破冰船的护航使得专门运输石油、天然气和矿物（如磷酸盐、镍、铜等）资源的活动，成为北方海航道上最具经济效益的海上商业活动。[1]

然而，北方海航道沿线较低的人口密度使其商业价值有所降低。地理位置偏远、缺少宽带通信以及各种技术困难增加了在北极条件下利用这一航道的风险。此外，浅水区限制了船舶的吨位，而冰情变化则导致船舶抵达时间无法预测。随着亚洲新兴市场的出现和中国参与的原有市场的发展，北极自然资源的开采将有所增加，这将促进北方海航道的航运活动。

## 第二节　北方海航道的法律基础

1998 年 7 月 31 日，俄政府颁布的第 155 号联邦法律《俄罗斯联邦内海、领海及毗邻区法》[2] 将北方海航道界定为历史上形成的国家交通通道，在这一水域航行，需要遵照公认的国际法规范、俄罗斯签署的国际条约以及俄罗斯国内相应的法律条款。

《俄罗斯联邦商船航运法典》第 51 条对北方海航道进行了定义：[3] 毗邻俄罗斯北部海岸，属俄罗斯联邦管辖水域，包括内海、领海、毗连区以及俄罗斯专属经济区，东面与美国划定海界并与白令

---

[1] Farre, A. B. et al. (2014). "Commercial Arctic Shipping through the Northeast Passage: Routes, Resources, Governance, Technology, and Infrastructure." *Polar Geography*, 37 (4), 298–324.

[2] Федеральный закон 《О внутренних морских водах, территориальном море и прилежащей зоне Российской Федерации》 от 31.07.1998 No. 155 – ФЗ（редакция от 18.07.2017）. Режим доступа：http：//fzrf.su/zakon/o-vnutrennih-morskih-vodah-155-fz/.

[3] Кодекс торгового мореплавания Российской Федерации от 30.04.1999 No. 81 – ФЗ（редакция от 18.07.2017）. Режим доступа：http：//legalacts.ru/kodeks/KTM-RF/.

海峡的杰日尼奥夫角平行，西面海界为热拉尼耶角子午线到新地岛的界线、新地岛东岸以及马托奇金海峡、喀拉海峡、优戈尔海峡西界。俄政府如此宽泛地确定北方海航道边界是由于缺乏统一且固定的航线。在保证其总体方向不变条件下，北方海航道会因冰情在纬度上有较大距离的移动，甚至时常在同一航期内改变航道。① 但无论如何，北方海航道绝大部分都位于俄罗斯的专属经济区、领海，甚至在俄罗斯的内部水域，从而处于俄罗斯主权或管辖范围内。② 如果领海内的部分北方海航道属于俄罗斯主权，那么对于俄罗斯专属经济区外及大陆架那部分的北方海航道，俄罗斯只享受部分主权权利，但无权限制外国船舶的无害通行。③

北方海航道水域航行由俄罗斯联邦机构设立的北方海航道管理局基于许可性及补偿性的原则进行管理。管理局会遵照专门的航行管理规则，发放相应许可、派遣破冰船和引航船规范手续以及进行无线电通信。④

俄罗斯虽不享有整个北方海航道水域的主权，但法律及事实上在该水域航行的外国船舶都完全受其监管。这种监管不仅涉及内河、领海（当然任何沿海国都会根据现行国际海洋法加强这些领域的权

---

① Гаврилов В. В. Правовой статус Северного морского пути Российской Федерации // Журнал российского права. 2015. No. 2. С. 147 – 157.

② Повал Л. М. Международно-правовые проблемы раздела экономических пространств Арктики // Арктика и Север. 2011. No. 3. С. 8.

③ Грейть В. В. Северный морской путь-территориальные воды России или международный транспортный путь? // Молодой ученый. 2017. No. 13. С. 430 – 433.

④ Приказ Министерства транспорта РФ от 17. 01. 2013 г. No. 7 《Об утверждении Правил плавания в акватории Северного морского пути》 (с изменениями и дополнениями от 9. 01. 2017 г. ). Режим доступа: http: //base. garant. ru/70302484/.

力),而且还涉及毗连区及专属经济区,而根据1982年《联合国海洋法公约》的要求,俄罗斯必须保证外国船舶在这些区域的自由航行。① 很显然,俄政府的这一做法与想最大化放宽使用北方海航道的法规制度,特别是与为自由进入北极提供最大可能的中国及其他域外国家的利益相左。俄罗斯基于北冰洋海域的地理、气候及政治法律特点,允许域外国家在极地开展航运、渔业等经济活动,条件是沿线北极国家同意,并提供沿线基础设施、通讯技术手段的支持,而且这些国家应该具备应对突发事件、搜救人员和货物、消除海洋环境污染后果的能力。②

## 第三节 北方海航道的通航特点

从通航条件来看,北方海航道可划分为三个气候带:③

1. 大西洋气候带(巴伦支海、喀拉海西部以及这些海域北部的北冰洋部分水域)。该地区气候特征是冬季风暴频繁,夏季多云、多雾、有降水。巴伦支海夏季平均气温不超过+7℃,冬季则降至-20℃,浪高7米。喀拉海沿岸,夏季气温不超过+6℃,冬季气温

---

① Гаврилов В. В. Правовой статус Северного морского пути Российской Федерации // Журнал российского права. 2015. No. 2. С. 147–157.

② Вылегжанин А. Н. Введение // Международное сотрудничество в области охраны окружающей среды, сохранения и рационального управления биологическими ресурсами в Северном Ледовитом океане: материалы Международного научного симпозиума (Москва, 4 сентября 2012 г.). – Москва: Российский совет по международным делам, 2012. С. 6.

③ ABS. (2016). *Navigating the Northern Sea Route: Status and Guidance*. Houston: ABS.

低达 – 28℃。①

2. 西伯利亚气候带（喀拉海东部、拉普捷夫海、东西伯利亚海西部）。冬季气温低于邻近地区，虽然整个夏季北部地区仍然偏冷，但临海地区气温则略高。拉普捷夫海北部7月气温+1℃，冬季可降至 – 34℃。

3. 太平洋气候带（东西伯利亚海东部、楚科奇海）。冬季气候受太平洋影响，气温较高，风力较强，降水量大于其他地区。东西伯利亚海气候特点是夏季平均气温为+7℃，冬季平均气温为 – 33℃。夏季风暴较为典型，气温大幅波动会导致大雾。

部分航段上冰情有显著的空间和年际变化性。

冬季北方海航道被大气反气旋环流覆盖。夏季大气环流与冬季相反，但对气候的影响不是很大。航线特点将直接取决于影响冰情的风向、速度和持久性以及气流。北方海航道的风既能削弱冰层的压缩与集聚，也能驱走冰块。冬季航道的各区域都有平均长达14天的暴风雪。整个北方海航道的气流主要是冷气流，只在巴伦支海域西部和楚科奇海向太平洋出海口最东部有相对暖气流（参见图2—2）。

北线海域有大陆架区，与西北和穿极航道的深海路线不同，海深不超过200米。

风、海深及冰的数量将影响海浪的高度。最复杂的情况（平均浪高达5米）应发生在每年的9月和10月。而每年的11月以后除

---

① Businessman. ru. Северный морской путь. Трассы Северного морского пути. Режим доступа：https://businessman.ru/new-severnyj-morskoj-put-trassy-severnogo-morskogo-puti.html.

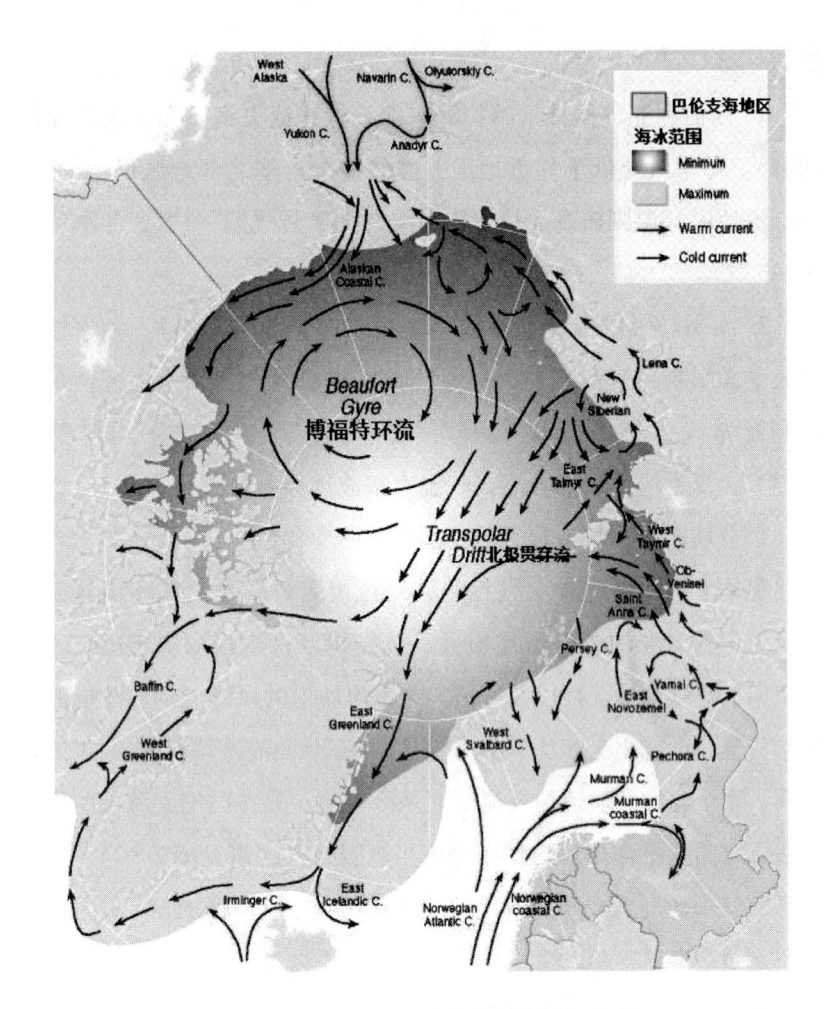

图 2—2 北冰洋和北方海航道海域气流图

图片来源：https：//qph.ec.quoracdn.net/main-qimg-1b8e64685bfb196bd4d85267975f2800-c。

了楚科奇海南部以外，其他所有海域几乎完全被冰覆盖。冰情严峻的年份，夏天的海域也被漂流的冰川所覆盖。冰川通常于6月中旬开始融化，直到9月中旬（喀拉海、楚科奇海以及拉普捷夫海的北部地区）才开始冻结。到10月下旬冰层厚度通常为25—30厘米，12月可达70—90厘米。最厚的冰盖形成于北方海航道开航前的五月，达140—210厘米。在航行区北部，多年冰厚度可达3米以上。

由于冰情不稳及冰川在洋流与风力的作用下快速迁移，通过北方海航道时，不仅必须借助破冰船，而且必须使用北极冰级船舶。破冰船平均速度为每小时13—14节。核动力破冰船可用于任何冰道，能用于排水量7.5万吨的货船，两艘破冰船可为排水量达15万吨的船舶开道（如用于从"亚马尔液化天然气公司"运输液化天然气的油轮）。北方海航道的深度能够允许吃水深度为12.7米的船舶通过桑尼科夫海峡，而通往新西伯利亚群岛北部的船舶吃水深度可超过18米。

由于气候变化，到2050年北方海航道的航行特点可能发生巨大变化。据俄罗斯联邦水文气象和环境监测局评估，俄罗斯北极地区的变暖速度是世界平均水平的两倍。[1] 预计到2025年水域被冰体覆盖程度低于15%的平均通航期将延长至3—4个月，2050年时将长达4—5个月，2100年将长达5.5个月。[2] 气候和北极冰情变化可能影响北冰洋流域的风力风向、气旋、海浪，冰川运动将随之发生改

---

[1] Ратников А. Зашли с севера. Сможет ли Россия воспользоваться выгодами Северного морского пути. Режим доступа: https://lenta.ru/articles/2016/03/15/northsearoute/.

[2] Мохов И. И., Хон В. Ч. Продолжительность навигационного периода и ее изменения для Северного морского пути: модельные оценки // Арктика: экология и экономика. 2015. №. 2 (18). C. 88-95.

变，特别是波浪长度增加及近地表风作用力增强。① 海浪增高会加快海岸的侵蚀速度。②

## 第四节 北方海航道商业利用的问题、前景和预测

不久前，北方海航道只用于俄罗斯国内运输，为俄罗斯北极地区提供物资供应，并为从事北极资源开采的俄罗斯公司（俄罗斯天然气公司、卢克石油公司、俄罗斯石油公司等）提供商用货物运输服务。2010 年，重型阿芙拉马克斯油轮进行了沿着传统航线通过北方海航道最浅的桑尼科夫海峡（船舶最大吃水深度 12.7 米）的通航实验，由于海峡底部逐渐被海流冲刷，需要参考定期的海峡深度水文勘测数据。这艘油轮以约 10 节的平均速度，从热拉尼亚角出发，用不到十天半的时间抵达杰日尼奥夫角。同年，首艘外国散装货船经过北方海航道，满载货物从挪威直接运到中国，没有进入俄罗斯港口停泊，也没办理过境航行许可。③ 2016 年，11 艘中国船只获得了北方海航道的通行许可证。

---

① Khon, V. C. et al. (2010). "Perspectives of Northern Sea Route and Northwest Passage in the 21st century." *Climatic Change*, 100 (3–4), 757–768.

② SWIPA. (2011). *Snow, Water, Ice and Permafrost in the Arctic: Climate Change and the Cryosphere.* Availableat: http://www.amap.no/swipa.

③ Семушин Д. Первый китайский контейнеровоз отправился в Европу через Арктику: перспективы Северного морского пути. Режим доступа: http://pro-arctic.ru/03/09/2013/press/4620.

近年来，包括俄罗斯国内和欧亚之间的货物通过北方海航道运输的总量显著增长，从2011年不到200万吨增长到2016年的727万吨（参见图2—3）。这一增长主要归功于俄罗斯石油天然气公司和国际财团在北极地区不断发展的大型能源生产项目。

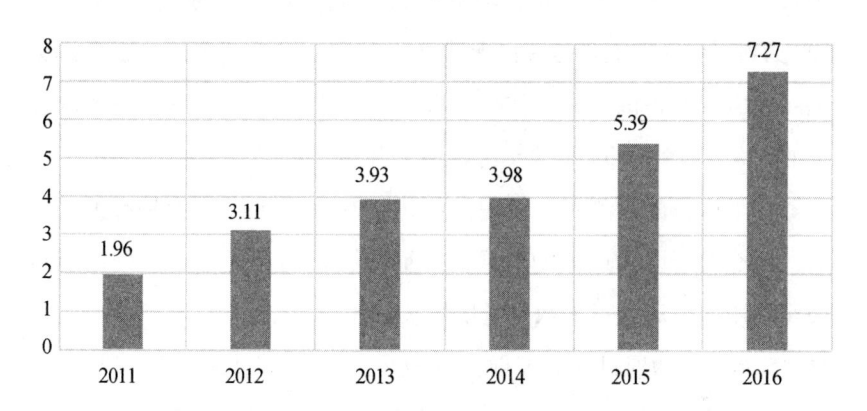

**图2—3 计入过境货物的北方海航道运输量，百万吨**

图片来源：作者自制。

《华尔街日报》称，到2021年北方海航道货运量将增长十倍，每年达1500万吨。[①] 而俄罗斯官方的评估数字则要高得多（参见图2—4），俄罗斯经济发展部的数据显示，因南坦别伊凝析气田开发、"亚马尔液化天然气"厂开始供货、吸引亚马尔附近油气资源开采，预计到2020年北方海航道货运量将达到3100万顿。俄罗斯原

---

① Макаренко Г. Добрались до Арктики: как Китай собирается освоить Северный морской путь. Режим доступа: http://www.rbc.ru/economics/30/10/2015/563342ca9a794776d49eb0ee.

子能舰队也认同这个数字。① 根据这一数字，到2022年沿北方海航道的货运量将达3500万吨，② 2024年达4000万吨，2029年增长到8000万吨。③ 据俄罗斯自然资源部预测，到2026年，喀拉海西南部矿产原料全年货物吞吐量将达4200万吨。④ 俄罗斯交通部评估，到2030年北方海航道货运量将增至8300万吨，其中同期国际货运量达500万吨。⑤ 货物主要是液化天然气、石油、煤炭和金属。根据挪威Rystad Energy咨询公司评估，北极地区石油和天然气占世界能源开采的3%，而到2035年这一份额将上升至9%。⑥

如果这样的预测对于俄罗斯国内运输来说可以认为是有据可依的，那么对于国际运输的发展情况而言，目前还无法证实外国航运公司利用北方海航道的数量有所增长。2016年，共有19艘货船装载21.45万吨货物通过北方海航道从欧洲进入亚洲或者相反（相比之下，2013年73艘货船运输了118万吨货物通过北方海航道通）（参见图2—5）。2016年过境通行的货物70%是煤炭（15.5万吨）。7

---

① Lenta. ru. Грузооборот Северного морского пути достиг рекордного уровня. Режим доступа：https：//lenta. ru/news/2017/02/13/cardgoflow/.
② Стародубцев В. Широты высокой важности. Режим доступа：https：//www. kommersant. ru/doc/3254502.
③ Арутюнян В. Г. Организация круглогодичной навигации на Северном морском пути. Режим доступа：http：//www. proatom. ru/modules. php？name=News&file=article&sid=7730.
④ Башкатова А. Китай ищет альтернативу Северному морскому пути. Режим доступа：http：//www. yktimes. ru/%D0%BD%D0%BE%D0%B2%D0%BE%D1%81%D1%82%D0%B8/kitay-ishhet-alternativu-severnomu-morskomu-puti/.
⑤ EurAsiaDaily. Крах иллюзий вокруг проекта международного судоходства по Северному морскому пути. Режим доступа：https：//eadaily. com/ru/news/2015/10/28/krah-illyuziy-vokrug-proekta-mezhdunarodnogo-sudohodstva-po-severnomu-morskomu-puti.
⑥ Стародубцев В. Широты высокой важности. Режим доступа：https：//www. kommersant. ru/doc/3254502.

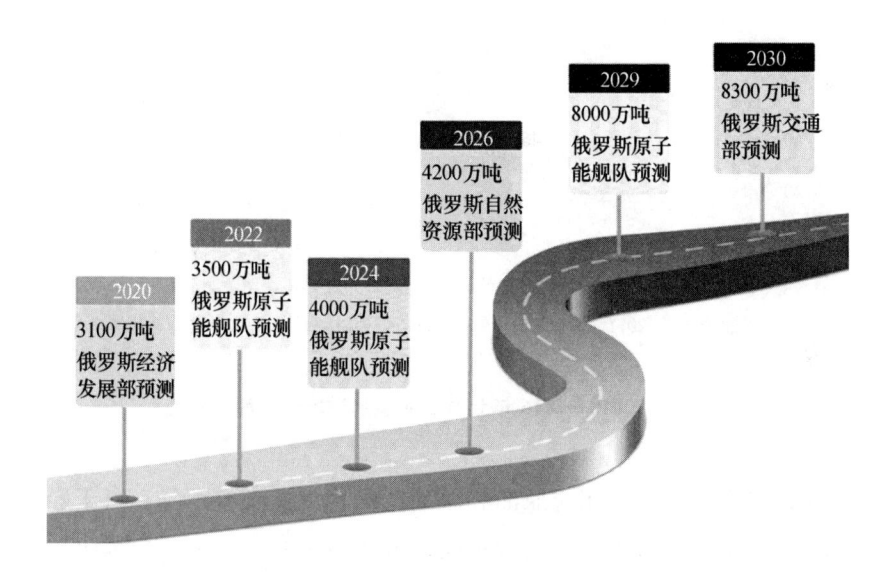

图 2—4　北方海航道货运量增长预测

图来来源：作者自制。

艘船只沿北方海航道从亚洲到欧洲，12 艘船只反方向航行。虽然 19 艘船舶每艘都做了独立穿越冰区的准备，但至少有 6 艘还是求助了破冰船的服务。①

北方海航道过境运输量急剧下降的原因是：一方面，2010—2013 年是过境运输快速发展的时期，除了新建的港口和水文工作量显著增加以外，北方海航道的基础设施保障体系几乎没有得以继续完善；② 另一方面，运输通道使用的经济性发生了很大变化，主要原

---

① Геополитика. Северный морской путь стал на 30 процентов оживленнее. Режим доступа：http：//geo-politica. info/severnyy-morskoy-put-stal-na‑30‑protsentov-ozhivlyonnee. html.

② Жуков М. Возрождение Северного морского пути‑главная забота российских полярников. Режим доступа：http：//rareearth. ru/ru/pub/20160601/02203. html.

单位：艘

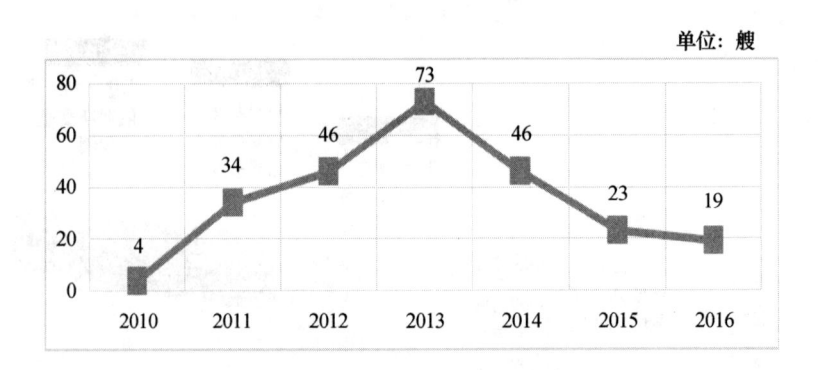

[图表数据：2010年 4；2011年 34；2012年 46；2013年 73；2014年 46；2015年 23；2016年 19]

**图 2—5　2010—2016 年北方海航道的过境通行船舶数量**

因是油价大幅下滑，相应原油和原油产品也因此大幅下降。由于船舶燃料成本急剧下降，使用较短的北方海航道与传统上通过苏伊士运河的货物运输路线相较节省下来的收益变得微不足道，特别是当船舶在冰面上行驶时，能量消耗也会增加。欧洲和东南亚市场之间的能源价格差缩小，致使不同市场间运输能源的利润率下降。因此，2014 年后北方海航道就没有液态货物在此过境运输了。如果北方海航道的运费是每吨 20—30 美元（相比之下，经苏伊士运河运输是 5 美元）并在石油价格高时能够盈利，那么随着石油价格下降，节省 10—15 天本身没有任何特别的经济利益，所以也就没有吸引力了。

经济行情虽然出现了短期的变化，但是对俄罗斯而言，同时也对中国、日本和韩国这些域外国家来说，北方海航道的开发与发展仍是他们在北极开展活动的优先方向。

2012 年，中国的"雪龙"号破冰船沿北方海航道进入大西洋，刺激了日本就开发北方海航道采取实际行动。2012 年 12 月，俄罗斯油轮首次从挪威经北方海航道向日本输送液化天然气。① 目前，日本在使用北方海航道时所获得的益处是：方便能源进口和向欧洲市场出口货物（集装箱运输）和汽车。据日本专家估测，日本使用北方海航道进行货物运输时间相比传统的40—45天，将缩短到30天。② 交通运输的杠杆作用在勘探和开发日本所需的北极资源的活动中进一步减弱。由于北方海航道的发展，日本地理位置接近资源开采地，不仅增加了该国获得必要资源的机会，而且也减少了在未来与中国及欧洲国家的竞争中可能产生的风险。

北方海航道未来的商业化利用很大程度上取决于日本这个全球最大的液化天然气消费国。中国也参与其中的"亚马尔液化天然气工厂"（亚马尔LNG）目前是北方海航道建立稳定商业航线中最有前景的项目。日本在北极大陆架液化天然气现货市场合同份额的增加，有助于促进依赖石油的全球天然气市场的稳定。北方海航道无论是东至西航向还是反方向航行的稳定其影响因素都是欧洲对天然气需求存在的季节性差异（冬季增加，而夏季正值通航期，需求反而降低）。而在日本则相反，夏季的天然气采购量会有所增加，因为该国天然气需求高峰期正好是夏季。

日本是中国在北方海航道开发中强大的竞争对手，特别是对于中国东北各省来说。日本在其2014年制定的《北海道地区工业发展战略》中强调，应将该地区作为东北亚地区利用北方海航道的示范

---

① Кипинфо. Успешная поставка СПГ по Северному морскому пути из Норвегии в Японию. Зачем？7.12.2012. Режимдоступа：http：//kipinfo. ru/news/？id＝4584.

② NHK. "Present Situation around the Northern Sea Route." 13.08.2014. Available at：http：//www. nhk. or. jp/kaisetsu-blog/400/195160. html.

基地、运输和物流中心，这直接威胁到我国东北地区参与北极项目的前景。①日本在发展战略中提出要对北海道港口进行改造，以提升港口在北方海航道密集航行中的竞争力。日本也可能潜在威胁到中国在北极发展项目上的主导地位，因为其在极端环境和地震频发条件下的工业工程建设技术对北极项目的发展大有益处。随着北方海航道商用航运的发展，日本将收到大量用于北极作业的特种船舶生产订单，包括油轮和航行辅助类船舶。

但在北方海航道的商业开发中，也存在一些严重触及日本海运公司利益的问题：

1. 除了破冰船队的服务费之外，外国船只必须支付俄方所规定的高额过境费用，这种收费政策使通过北方海航道进行货物运输的经济吸引力有所减弱。②

2. 由于通航期较短，日本航运公司的冰级船舶运营期不足整年，影响其经济效益。③

3. 北方海航道存在一系列问题，如天气变幻莫测、气象预报服务状况不佳、缺乏冰区变化信息等，这些都给船舶航行造成了很大困难。

4. 俄罗斯港口、港湾和其他北极海上运输基础设施运营状况不

---

① "Strategy for Development of Competitiveness of Hokkaido Industry." Available at: http://www.kantei.go.jp/jp/singi/keizaisaisei/ss_ikenkoukan/hokkaidou_02.pdf.

② Sinclair, J. (2014). Japan and the Arctic: Not So Poles Apart. JOGMEC, 48 (2), 44.

③ Ohnishi, F. (2013). The Process of Formulating Japan's Arctic Policy: From Involvement to Engagement. East AsiaArctic Relations: Boundary, Security and International Politics. Paper № 1.

佳，且在意外情况发生时，可能限制大吨位船舶通过俄罗斯摩尔曼斯克港以东的港湾。①

5. 日本和俄罗斯在南千岛群岛（日方称"北方四岛"）问题上有着悬而未决的领土争端，而北方海航道从白令海峡通往东北亚方向的航线途经该群岛。②

总的来说，虽然蕴含潜在的巨大商机，但是日本暂时仍然认为北方海航道的开发和发展，由于航行的不安全、不可靠及不稳定性，实现难度很大。③

韩国和日本在北方海航道开发的问题上持大致相同立场。在通过北方海航道运往韩国的货物中，俄罗斯的北极资源占大部分。韩国从俄罗斯进口凝析油和石油，并出口航空和柴油燃料。从韩国角度来看，北方海航道运输液体货物的前景更广阔。④ 韩国的海港有很强大的转运能力，其中蔚山港设有59个液体货物码头。韩国还打算用北方海航道运送黑色金属和化工产品废料。

如沿北方海航道行驶，韩国釜山港与欧洲大型港口（鹿特丹）之间的距离约为1.3万公里，但若按传统通过苏伊士运河的海上航道行驶的话，距离将超过2万公里。前者在航行状况良好时可减少

---

① Asari, H. (n. d.). Recommendations for Japan's Diplomacy. 《Arctic Governance and Japan's Diplomatic Strategy》Project. Available at: https://www2.jiia.or.jp/en/pdf/research/2012_arctic_governance/08e-recommendations.pdf.

② Симотомаи Н. Путин стремится в Азию. Токио, 2015. С. 203.

③ Prime Minister of Japan and his Cabinet. (2015). "Japan's Arctic Policy." Available at: http://www.kantei.go.jp/jp/singi/kaiyou/arcticpolicy/Japans_Arctic_Policy%5bENG%5d.pdf.

④ Regnum. Южная Корея прокладывает морской путь в Арктику. 14.03.2015. Режим доступа: http://www.regnum.ru/news/polit/1905228.html.

1/3 的航行时间。2013 年，一艘装载 4.4 万吨石油产品的韩国货船沿着俄罗斯乌斯特—卢伽港到韩国光阳港的航线进行了实验性航行。这艘油轮行驶了 1.5 万公里，所用时间比经苏伊士运河航线减少了 10 天。

韩国在北方海航道的商业利益还在于其能够有机会参与开采和运输能源原料。

从与中国在北方海航道开发和发展中可能存在的竞争角度看，韩国为加入北极交通运输项目主要有三个基本的努力方向：

1. 参与建设北极交通基础设施。其战略目标是与俄罗斯在北冰洋联合建设港口，或共同利用现有港口，尤其是摩尔曼斯克港。

2. 成为北极交通运输中转调度国之一。2012 年，韩国国土交通部和韩国海洋与渔业技术研究院同两个俄罗斯研究机构（马卡洛夫国立海事大学和中央海军研究所）签署了《北极海洋和空中航线发展协议》。另外，韩国还定期与挪威、芬兰和丹麦的代表就造船、工程和海事领域的相关问题进行磋商。

3. 发展极地船舶制造业，并在此基础上成立自己的破冰船队，或加入冰级船舶出口国行列。目前，"亚马尔液化天然气"项目所需的九艘冰级船舶制造订单交给了"大宇造船公司"。[①] 韩国重吊公司"TPI Megaline"参与了亚马尔项目的货物运输，这也意味需要使用相应冰级的船舶。"三星航运公司"已经向俄罗斯交付了一艘冰级为

---

① OilCapital. ru. Танкеры для《Ямала СПГ》построит южнокорейская DSME. 04. 07. 2013. Режим доступа：https: //oilcapital. ru/news/transport/04 - 07 - 2013/tankery-dlya-yamala-spg-postroit-yuzhnokoreyskaya-dsme.

9级的船舶,并称将为北极地区制造新型的破冰船或冰级船。

尽管前景良好,但北方海航道运输对韩国商业的收益性尚未可知。① 韩国的中期规划大概不会急于追求北方海航道的商业利用价值,而是注重参与一些北极矿产和能源开发项目,以及监测北极生态、气候和环境保护工作。

---

① Иванов И. С.(ред.). Азиатские игроки в Арктике: интересы, возможности, перспективы. - Москва: Российский совет по международным делам, 2016.

– 第三章 –

# 北方海航道作为"冰上丝绸之路"基础设施依托

## 第一节 北方海航道与"一带一路"线路的比较与对接

当前,北方海航道对世界海运的贡献极其微小:2016年约为730万吨,[①] 而马六甲海峡为56.6亿吨,苏伊士运河为8.8亿吨,巴

---

[①] Стародубцев В. Широты высокой важности. Режим доступа: https://www.kommersant.ru/doc/3254502.

拿马运河为2.2亿吨。① 但是，俄罗斯北极航线将来很有可能成为传统欧亚货运航线的竞争对手，成为"一带一路"上的交通运输走廊之一。

自北方海航道对国外船只开放通航以来，中国已经由北极运输了大约100万吨货物，预计到2020年，中国将向北极运送约1%的出口货物。② 对于中国来说，这条航线不是替代线路，确切地说，是对庞大的全球货物运输传统航线的补充。它的利用将使中国的供货路径更为多样，并可提高其可靠性，而且由于运输成本的降低可产生一定的经济效益。

与穿过苏伊士运河的传统航线相比，利用北方海航道的距离缩短了4000海里。③ 与"海上丝绸之路"相比，沿北方海航道从上海到汉堡的实际距离减少了1/3，④ 仅需约25天和消耗625吨燃油（船只穿过苏伊士运河35天，消耗875吨燃油）。⑤ 从上海沿北方海航道到达其西部最远的两个港口（摩尔曼斯克和希尔克内斯）比通过"海上丝绸之路"快16天。⑥ 在北方海航道冰层较薄时，冬季航

---

① East Russia Analytical Agency. (2016). Breaking the Ice. Available at: https://www.eastrussia.ru/en/material/breaking-the-ice/.
② East Russia Analytical Agency. (2016). Breaking the Ice. Available at: https://www.eastrussia.ru/en/material/breaking-the-ice/.
③ ABS. (2016). *Navigating the Northern Sea Route: Status and Guidance*. Houston: ABS.
④ Wong, E. et al. (2017). "One Belt, One Road: China's Strategy for a New Global Financial Order." Available at: https://monthlyreview.org/2017/01/01/one-belt-one-road/.
⑤ Жуков М. Возрождение Северного морского пути-главная забота российских полярников. Режим доступа: http://rareearth.ru/ru/pub/20160601/02203.html.
⑥ Макаренко Г. Добрались до Арктики: как Китай собирается освоить Северный морской путь. Режим доступа: http://www.rbc.ru/economics/30/10/2015/563342ca9a794776d49eb0ee.

行运输一个集装箱的成本，比南部航道平均高出25%—27%，但夏季比通过苏伊士运河集装箱运输成本平均降低33%—35%。因此，集装箱运输船独立航行时，平均运输成本比南方航线低13%。[①] 由于可以明显缩短运输时间，即使超过经苏伊士运河航线的正常运价并且还需缴纳破冰船费用，北方海航道货运费用与经苏伊士运河运费基本相当。总体而言，在已预估到北极地区气候变化导致航行时间增加的前提下，[②] 重新制定通过北方海航道的贸易路线每年可节省600亿—1200亿美元。[③]

"冰上丝绸之路"相对"海上丝绸之路"的另外一个优势是"冰上丝绸之路"的流量很小。"海上丝绸之路"在马六甲海峡和苏伊士运河存在拥堵现象，大量过往船只经常滞留于此。随着"海上丝绸之路"的开通，沿传统航道货运量如期增长将导致交货延误和货物在交通枢纽聚集。2015年，苏伊士运河第二分航道开通，每天的吞吐量从49艘增加到97艘，但仍有大量船只等待通过。目前只有7%的船舶通过苏伊士运河，而运往欧洲的海运量占全球海运总量的45%。[④] 随着"海上丝绸之路"的发展，由于苏伊士运河低通行

---

① Фисенко А. И. Перспективы и проблемы развития морских грузовых перевозок и их ледокольного обеспечения по Северному морскому пути. Режим доступа：https：//science-education. ru/pdf/2014/2/496. pdf.

② Куприянов А. Азиатский Север. Что нужно новым игрокам в Арктике. Режим доступа：http：//www. lenta. ru/articles/2015/04/10/arctic.

③ Баранникова А. Россия и Китай в Арктике：проблемы и перспективы. Режим доступа：http：//www. sluzhuotechestvu. info/index. php/gazeta-sluzhu-otechestvu/2014/maj－2014/item/1251－россия-и-китай-в-арктике-проблемы-и-перспективы. html.

④ Запольскис А. Как Северный путь становится Шелковым. Режим доступа：https：//aftershock. news/？q＝node/580385&full.

## 第三章　北方海航道作为"冰上丝绸之路"基础设施依托

量的限制，所有无法通过的中国货船，必须从非洲绕行，从而使距离延长到"海上丝绸之路"的两倍。而沿"冰上丝绸之路"航行则不用排队且不用支付船只通行费（相对于苏伊士运河），只需支付俄罗斯提供的破冰服务费用。船只尺寸和吨位也没有限制，而苏伊士运河只允许20.1米以下的船只通过。[①]

另外，近期由于东南亚地区国际形势恶化，"海上丝绸之路"的政治风险也越来越大。中国在南海领土争端，以及与美国在该地区的对抗可能会波及海上贸易航线，尤其是在马六甲海峡，因其地势狭窄用较少的军事力量即可扼控这一咽喉要道。[②] 此外，从海盗对马六甲海峡[③]和亚丁湾[④]航行的威胁来看，北部航线相对较为安全。

北方海航道的特点是，运输走廊沿线本身就是货物集中地，北极自然资源即是货物之一，包括中国参与的项目发展规模也在不断扩大。中国和欧洲之间的过境货运、中国货物和技术的出口，以及从俄罗斯进口资源到中国将产生协同效应，可以提高北方海航道和中国北极相关项目的整体运行效率。

然而，利用北方海航道作为"一带一路"倡议框架下的第三条

---

[①] Businessman. ru. Северный морской путь. Трассы Северного морского пути. Режим доступа：https：//businessman. ru/new-severnyj-morskoj-put-trassy-severnogo-morskogo-puti. html.

[②] Shah, A. (2016). "Building a Sustainable 'Belt and Road'." Available at：http：//www. cirsd. org/en/horizons/horizons-spring – 2016—issue-no – 7/building-a-sustainable-%E2%80%98belt-and-road-.

[③] Sun, K. (2014). "Beyond the Dragon and the Panda：Understanding China's Engagement in the Arctic." *Asia Policy*, 18, 46 – 51.

[④] Lanteigne, M. (2013). "Fire over Water：China's Strategic Engagement of Somalia and the Gulf of Aden Crisis." *Pacific Review*, 26 (3), 289.

运输通道，其竞争优势与中国激励北极地区商业航运的风险同时存在。高额的保险费用、推进速度缓慢、严格的安全法规、高生态风险、难以预测的冰情、经常性的船舶导航偏差、缺乏有高纬度地区航行经验的船员，这一切都限制了北极航运的快速发展。[1]

除了本报告第三章第二节讨论的技术和基础设施风险之外，与北方海航道和"海上丝绸之路"的商业利用潜力相比，首先应该强调使用北极航线进行集装箱运输的复杂性，[2] 这是北方海航道的严重缺陷，因而其不可能完全替代"海上丝绸之路"。集装箱需要严格按照时间进度装载、运输和卸货，这样才能最大限度地提高物流效率、降低成本。因此可预测性是非常重要的因素，即使考虑到因航线拥堵而可能出现的延迟，通过马六甲海峡和苏伊士运河仍是更加稳妥的选择。与"海上丝绸之路"不同的是，由于季节和昼夜的变化以及冰盖的存在，北方海航道上的情况很难预测。北方海航道天气突然变化可能会影响船舶如期到达目的港，导致或者需支付罚款，或者需请求破冰船护航，在这些不可抗力发生时，费用必然会增加。北方海航道上的风险因素包括漂流的冰山和一年冰冰面，它们对船体的机械作用和流冰一样危险。[3] 由于气候变化引起的冰情缓解状况

---

[1] Фисенко А. И. Перспективы и проблемы развития морских грузовых перевозок и их ледокольного обеспечения по Северному морскому пути. Режим доступа：https：//science-education. ru/pdf/2014/2/496. pdf.

[2] Farre, A. B. et al. (2014) . "Commercial Arctic Shipping through the Northeast Passage: Routes, Resources, Governance, Technology, and Infrastructure." *Polar Geography*, 37 (4), 298 – 324.

[3] Семушин Д. Первый китайский контейнеровоз отправился в Европу через Арктику：перспективы Северного морского пути. Режим доступа：http：//pro-arctic. ru/03/09/2013/press/4620.

## 第三章　北方海航道作为"冰上丝绸之路"基础设施依托

难以预测，冰川融化北极地区天气条件变化不可控，航行比现在更不可测。大多数专家认为，北极地区将出现强风、极端海浪、冰山的形成、海岸线侵蚀加剧和海岸基础设施遭破坏等风险的增加。①②

未来北方海航道的商业利用效率与中国的集装箱运输的发展息息相关。然而根据预测，尽管对北方海航道充满兴趣，未来十年中国主要的货物流量更可能经南部航线运输，而不是利用北方海航道，一方面是因为南方有自然条件和气候优势，另一方面也是因为这些航线途经印度、巴基斯坦、中东、东南亚、澳大利亚和东非等国家和地区的市场。③

近期，中国利用北方海航道主要是灌装货物和散装货物运输。这种运输船舶与集装箱船不同，不需要严格遵守时间表，因此受北方海航道条件变化的影响较小。干散货船和液货船运货对期限要求并不那么严格，有可能发展航速超慢的北极航运。在较短的北方海航道上以较低的速度航行，可以与经由"海上丝绸之路"航行相同的时间到达目的港，燃油效率更高、油耗更低、污染物排放更低。

如果考虑"冰上丝绸之路"与陆地"丝绸之路经济带"对接，则不会出现激烈的竞争。铁路运输比海运贵很多，可容纳的集装箱数量

---

① Михеев В. Северный морской путь. Использование ледоколов. Правовые основы и сложившаяся практика. Режим доступа: http://russiancouncil.ru/sevmorput#miheev.

② Котляр В. Использование ледоколов в акватории Северного морского пути для обеспечения безопасности мореплавания судов под иностранным флагом: правовые основы и сложившаяся практика. Режим доступа: http://russiancouncil.ru/sevmorput#kotlyar.

③ Фисенко А. И. Геополитические и транспортно-экономические аспекты развития Северного морского пути в России // Транспортное дело России. 2013. No. 4 (107). С. 235–238.

也少很多。一列火车可以运输数百个集装箱，海运船只最多则可以容纳1.8万多个集装箱。铁路运输集装箱成本较高，达8000美元，而海运大约只有3000美元。① 在将价值高的科技产品从中国运往欧洲时，由于价格和速度的关系，人们更加青睐沿"丝绸之路经济带"的铁路运输。然而，自欧洲向中国的返程铁路运输则存在问题，中国从欧洲进口的主要是重型机械产品，因重量与尺寸的原因，标准铁路列车不能进行运输。② 因此，中欧之间的铁路运输中期前景并不乐观。

而"冰上丝绸之路"与俄罗斯铁路之间则不会产生竞争，也不会与中国参与建造的"欧亚高铁线路"和俄罗斯"贝尔卡姆尔"项目竞争。

与中国不同，俄罗斯运输干线运行分散。北方海航道没有连接到俄铁路网和靠近中国的贝阿西伯利亚大铁路干线上，因此尚未形成北极地区港口基础设施联通的一体化系统。两条铁路干线以能承受的极限流量运行，火车运行平均速度极低（西伯利亚大铁路的平均速度约为11公里/小时），这使得中国商品的运输总量不可能大幅增加。

## 第二节　中俄开发利用北方海航道的前景与风险

为使北方海航道成为真正意义上的"一带一路"的重要补充，

---

① ТАСС Дальний Восток. Путь развития. Зачем России нужен Северный морской путь. Режим доступа: https://dv.land/spec/severny-morskoy-pyt.
② Артемьев А., Макаренко Г. Окно в Европу: как Китай запустил новый «Шелковый путь» в обход России. Режим доступа: http://www.rbc.ru/politics/15/12/2015/56703a6d9a7947f88a89ae7d.

## 第三章　北方海航道作为"冰上丝绸之路"基础设施依托

即"冰上丝绸之路",中国需要与俄罗斯发展紧密合作。这种合作除了本报告第三章第一节介绍的北方海航道的商业前景之外,对中国来说也有很大风险。

　　主要问题是俄罗斯北极地区包括运输走廊本身的基础设施不足。名为《俄罗斯联邦北极地区社会经济发展》的国家规划拟建设和改造包括阿尔汉格尔斯克、迪克森和萨贝塔在内的海港,北冰洋沿岸建设两条铁路线纵深至国内腹地、海洋和铁路实现了基础设施的联通,在俄罗斯北极大陆架开采俄罗斯矿产,并在当地进行环境监测和发展北极技术。① 2018—2025年,俄政府预计拨款30亿美元用于计划的实施。② 然而,到目前为止计划的建设工程中只有萨贝塔港在施工,而其他大部分宣布的项目,俄罗斯将筹集财政预算外资金,③包括寄期望于中国投资。如果俄罗斯不努力提高北极地区的吸引力,并在北极建立强大的现代化运输和物流基础设施来大规模吸引外资,就不可能真正实现"冰上丝绸之路"对于传统海路的替代。而如果不对俄罗斯现行海关、税收、货币、民事和移民法律作出重大改革,就不可能应对如此大规模的任务。④ 这种情况下,中国面临的风险就

---

①　Правительство России. Государственная программа 《Социально-экономическое развитие Арктической зоны Российской Федерации》. Режим доступа：http：//government.ru/docs/29164/.

②　Лыскин А. На реализацию госпрограммы развития Арктики будет выделено более 190 млрд. рублей. Режим доступа：http：//ru.arctic.ru/economics/20170901/664285.html.

③　ТАСС Дальний Восток. Путь развития. Зачем России нужен Северный морской путь. Режим доступа：http：//dv.land/spec/severny-morskoy-pyt.

④　Гаврилов В. Северный морской транспортный коридор：перспективы инфраструктурного развития. Режим доступа：https：//aftershock.news/?q=node/490474&full.

是俄罗斯是否能够为吸引和保护中国投资创造有利条件，以及是否能切实努力推进司法改革。

显然，作为北方海航道沿线的北极航运枢纽，必须建设具有现代物流和维修服务的深水港口，并且需要建设北极石油天然气开发的基地港口。鉴于北方海航道的长度，而且中国船只肯定将进一步向西进入欧洲各个港口，因而不可避免地会出现燃料补给的问题。而将燃料输送到加油站在经济上并不可行，况且是在极寒的条件下。俄罗斯也没有计划在大陆架上开采石油并直接建设加油站。[①] 因此，加油的问题必须通过建造更高冰级的大型油轮来解决。

除了沿海基础设施欠发达以外，破冰船护航是北方海航道商业开发所面临的另一重要问题。俄罗斯的破冰船服务成本相当高，这抵消了北方海航道相对于苏伊士运河航线的经济优势。通过增加航行船只数量，形成小型冰上商船队，可降低破冰船的服务成本。但是，在船只数量不足时开发航线会给中方带来不便，商船在北极航线上的运营成本变化将比其他地方要大。船只的大小是降低运输成本的重要因素，许多大吨位的油轮需要两艘破冰船护航，在冰面上开辟足够宽的通道。如果在北极使用小型船舶，成本可能会降低，但同时会增加运输集装箱或货运的成本。此外，破冰船或冰级货船比在低纬度航行的船舶消耗燃料更多。未来，中国需要建立自己的破冰舰队，不仅能沿北方海航道航行，而且还能沿穿极航道航行。

---

[①] Багаряков А. Северный морской транспортный коридор: перспективы инфраструктурного развития. Режим доступа: https：//aftershock.news/? q = node/490474&full.

## 第三章　北方海航道作为"冰上丝绸之路"基础设施依托

而这需要引航船在整个适航期保证最大负荷运转，因为北方海航道的通航季节只持续四个月，其他时间破冰船舰队处于闲置状态。

对中国船舶来说，北方海航道的技术风险中最危险的是冰情不可预测，这威胁到一些类型的船舶，尤其是因浮冰而不时改变路线的旅游客轮。而前文中所提到的集装箱船沿北方海航道航行其技术难度在于，这些集装箱船携带不同货主的数千集装箱，每位收货人都期待能按时收到自己的货物，并在各港口卸货或者换装。然而，沿北方海航道行驶时，即使是遇到小型浮冰或冰山，也需要降速航行，这会极大影响船只到达的准确时间。

海冰还不是中国货船在北极航运所遇到的唯一障碍。北极地区经常出现恶劣天气，不仅包括强风暴，而且还有极低的温度，这可能会使甲板装置使用状况恶化。北极极寒条件要求对船体、装备材料和技术进行额外投入，才能建成强大且装备精良的船只。沿北方海航道发展极地航运需要对航运和救援基础设施进行大量投资，而目前俄罗斯没有资金可以维持这些投资，更不用说随着航运的发展还要改造和扩建基础设施。北方海航道上大部分航线没有搜救和医疗服务，导致保险成本增加。北方海航道东段的航行和水文设备不符合现实要求。救援队基地位于符拉迪沃斯托克，无法对北方海航道的紧急情况做出及时反应。航线上补给支撑港口不发达，限制了恶劣天气时船舶的停靠。

此外，北极水域没有浮标，因此需要依赖卫星导航和海图。但是，目前还没有服务于北极地区的通信系统。由于地球表面的曲率，不能在纬度70—75度以上的地区使用对地静止卫星。

## 第四章

# 中俄北极合作的现状与前景

## 第一节 中俄北极合作现状

事实上，俄罗斯几乎控制着整个北方海航道沿岸和近半个北冰洋，这使得中国在北极发展和开发上与其合作成为必然。中俄北极地区的合作是中俄全面战略伙伴关系的组成部分，[1] 而中国主要有以下三个方面的利益：

1. 中俄的地缘政治因素。两国都赞成就北极治理问题进行建设

---

[1] Иванов И. С.（ред.）Азиатские игроки в Арктике：интересы，возможности，перспективы. – Москва：Российский совет по международным делам, 2016.

性对话，并在北极开展平衡和稳定的国际合作。①

2. 经济因素。在可预见的未来，中国将保持作为世界最大的石油和天然气进口国之一的地位，而在北极开采能源资源是俄罗斯最有竞争力的产业之一。② 俄罗斯的北极地区可以成为中国经济外延式增长有益的组成部分，在西方对俄罗斯实施制裁和俄实行"向东看"政策的地缘政治形势下，中国可以很容易地给自己找到不被西方国家控制的、重要的自然资源储备和能源产地。

3. 交通运输因素。中国的经济需要新的、更有效的商品出口和进口资源产品更加经济的运输线路。

可以说，中俄北极合作发展的主旨是实现两国的国家经济利益。然而，中俄国家利益有其自身特点并由其政治利益所决定。俄罗斯显然想在与中国的北极伙伴关系框架下获得投资和技术。③ 然而同时，俄罗斯担心中国对北极资源和北方海航道的兴趣会导致中国力图垄断这一交通动脉，从而降低运输成本并使其潜在对手的竞争条件恶化，从总体上看这对俄罗斯不利。俄罗斯也有人担心中国在资源开采方面不遵守生态标准，这对于脆弱和独特的北极生态系统是

---

① Ван Ц. Формы участия Китая в международной деятельности в Арктике. Диссертация на соискание ученой степени кандидата политических наук. – Санкт-Петербург: Санкт-Петербургский государственный университет, 2016.

② Тарасов А. Мы пойдем Севморпутем? Режим доступа: http://expert.ru/siberia/2014/11/myi-pojdem-sevmorputem/.

③ Ананьева М. Н., Грачев П. А. Арктику можно сделать российско-китайской. Режим доступа: http://www.ng.ru/economics/2014-03-20/3_kartblansh.html.

相当危险的。①

俄罗斯与绝大多数西方北极国家（美国、加拿大、北欧）存在竞争与对抗的情况，而这为中国参与俄罗斯的北极合作提供了非常合适的契机，中国可以提供必要的地缘政治、经济和技术支持，以获得俄北极资源和开发利用交通走廊。

显然，两国在北极开发和发展方面需要克服基础设施和技术方面的许多问题，以确保沿北方海航道的稳定航行和北极资源的开发。② 中国面临的主要困难是：北极气候条件恶劣，只允许在夏季三个月里航行，这不符合中国经济运行的节奏。另外，中国缺乏自己的北冰洋交通运输工具，缺乏极地专业人才和北极研究经验，中国急需与俄罗斯合作解决这些问题。

北极拥有丰富的自然资源，其中包括一些独特的资源。北极地区稀有金属、矿产、矿石和具有战略意义的其它资源占俄罗斯全部储量的一半以上：③④

● 磷灰石精矿（储量超过90%——科拉半岛、泰梅尔半岛、雅库特、楚科奇）

● 镍和钴（储量85%——诺里尔斯克，其他位于科拉半岛）

---

① Ван Ц. Формы участия Китая в международной деятельности в Арктике. Диссертация на соискание ученой степени кандидата политических наук. – Санкт-Петербург: Санкт-Петербургский государственный университет, 2016.

② Zysk, K. (n. d.). "Russia's Arctic Strategy: Ambitions and Constraints." Available at: http://www.geopoliticsnorth.org/index.php?option=com_content&view=category&id=35&Itemid=103.

③ The Arctic. Природные ресурсы. Режим доступа: http://ru.arctic.ru/resources/.

④ Основы стратегии устойчивого развития арктической зоны России. Режим доступа: http://www.arctictoday.ru/council/654.html.

- 铜（储量约60%——诺里尔斯克、科拉半岛）
- 钨（储量超过50%——雅库特北部、楚科奇）
- 稀土元素（超过95%——泰米尔、科拉半岛）
- 铂族元素（超过98%的储量——诺里尔斯克、科拉半岛）
- 锡（探明储量的75%以上、预测储量的50%在北扬斯基油田）
- 汞（主要探矿储量——楚科奇、泰梅尔大型矿藏）
- 金银（楚科奇、泰梅尔、科拉半岛）
- 钻石（超过99%的储量——雅库特、阿尔汉格尔斯克地区、泰梅尔）

北极的生物资源也很丰富：1/5的全球淡水资源、数以百计独特的动植物物种，最大的有捕捞价值的鱼类种群是鲑鱼、鳕鱼和明太鱼。

北极地区具有相当大的世界能源储量（世界未探明油气储量约25%）：900亿桶石油、47.3万亿立方米天然气、440亿桶凝析油。[①]而且约84%的石油和天然气位于500米深的大陆架上。最丰富的北极石油油田在阿拉斯加大陆架，天然气和凝析油在俄罗斯卡拉大陆架和巴伦支海[②]（参见图4—1）。北极地区预计石油和天然气资源的60%以上位于属于俄罗斯或者根据国际法在俄罗斯管辖区内。探明矿产储量的价值约2万亿美元，而所有资源的总价值有30万亿

---

[①] Smith, M., & Giles, K. (2007). Russia and the Arctic: "The Last Dash North". Advanced Research and Assessment Group. Russia Series 07/26. London: Defense Academy of the United Kingdom.

[②] Gautier, D., Bird, K., & Charpentier, R. (2009). "Assessment of Undiscovered Oil and Gas in the Arctic." *Science*, 324, 1175–1179.

美元。[1]

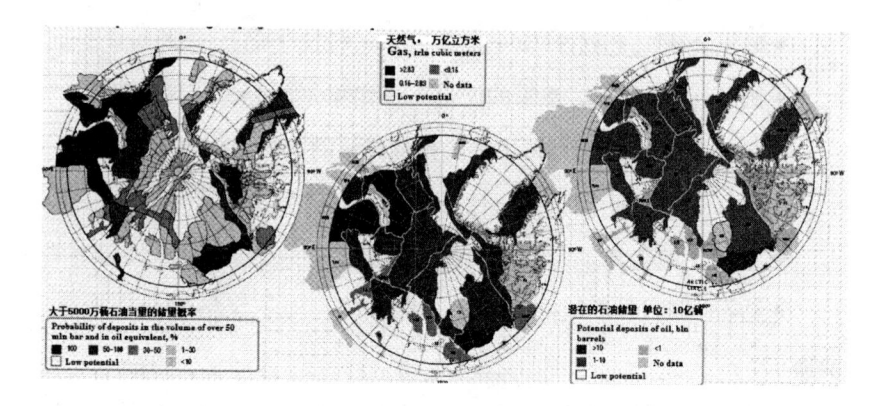

**图 4—1　北极石油和天然气储量和被证实的概率**

图片来源：Давыдова О. П. Проблемы раздела и освоения Арктического шельфа. Режим доступа：http：//geum.ru/next/art－314289.php。

到 2030 年，俄罗斯预计每年至少在北极大陆架开采 5000 万吨石油（占俄罗斯总开采量的 10%）。[2] 但是很显然，不是所有矿藏都可以开采，因为在北极的高纬度上这类工程成本可能太高而无利可图。此外，资源的开发需要大规模地质勘探、建设相应的基础设施、掌握环保的钻井技术，首先是在大陆架上的钻井技术，以及处理、存储和原材料供应方面的环保技术。

俄罗斯希望中国在北极大陆和大陆架的资源开发方面进行投

---

[1] Истомин А., Павлов К., Селин В. Экономика арктической зоны России // Общество и экономика. 2008. №. 7. С. 158－172.

[2] Kuznetsova, N., &Kuznetsova, E.（2015）."Energy Strategy of the Russian Federation." *Mediterranean Journal of Social Sciences*, 6（5）, 160－168.

资。对中国来说，最有前景的是与俄罗斯石油公司合作开发巴伦支海和伯朝拉海大陆架地区，即斯托克曼气田和普里拉兹洛姆诺耶油田。

伯朝拉海和巴伦支海及大陆架上资源价值总额初步估算超过358亿吨能源当量，其中蒂曼—伯朝拉省的储量为82亿吨能源当量，[1]石油和天然气储量分布不均：55%位于巴伦支海大陆架，7%位于伯朝拉海大陆架。较多的天然气储量集中在巴伦支海。

斯托克曼凝析气田位于距摩尔曼斯克东北部600公里的巴伦支海俄罗斯部分大陆架中部。该地区海水深320—340米。按探明天然气储量，该气田是世界最大气田之一（39000亿立方米天然气，约5600万吨凝析油[2]）。斯托克曼气田开采分三期。一期项目投产每年可开采237亿立方米天然气，二期474亿立方米，三期该气田年均天然气设计生产能力将达到711亿立方米。[3]

普里拉兹洛姆诺耶油田位于伯朝拉海大陆架上，距海岸60公里。油田海域深度为19—20米，其石油储量超过7000万吨，年产量可达约550万吨。[4]

普里拉兹洛姆诺耶气田开采的ARCO石油具有密度高（约

---

[1] Ресурсы Арктики—перспективы. Режим доступа: http://voprosik.net/resursy-arktiki-perspektivy/.

[2] Штокман. Штокмановское газоконденсатное месторождение. Режим доступа: http://www.shtokman.ru/project/gasfield/.

[3] Газпром. Штокмановское месторождение. Режим доступа: http://www.gazprom.ru/about/production/projects/deposits/shp/.

[4] Газпром. Приразломное месторождение. Режим доступа: http://www.gazprom.ru/about/production/projects/deposits/pnm/.

910千克/立方米)、硫含量高和含石蜡量低的特点，非常适用于进行深加工，生产化工产品、筑路材料、轮胎、化妆品和医药等。

俄罗斯大陆架上对中国有前景的气田还包括基林斯科耶、南基林斯科耶和梅津斯科耶凝析气田。

基林斯科耶气田的原始储量为1625亿立方米天然气和1910万吨凝析油，设计产量为每年55亿立方米天然气。南基林斯科耶油田储量为7112亿立方米天然气、11150万吨凝析油及410万吨石油，计划设计产量为每年210亿立方米天然气。梅根斯科耶凝析气田储量为198亿立方米天然气和250万吨凝析油。[1] 俄罗斯天然气工业股份有限公司有意邀请中国公司参与开发位于萨哈林岛附近的这些矿藏。这里不属于北极地区，但位于通往太平洋的北方海航道及船舶驶往中国港口的航线上。

此外，俄罗斯（尤其是"诺里尔斯克镍"采矿冶金公司）还有意邀请中国参与科拉半岛、泰米尔和雅库特北部地区稀土、钒、钼和黑钨矿的开采。俄罗斯政府给予中国投资者包括免税期在内的优惠待遇。

目前，在南坦别伊斯科耶气田基地实施的"亚马尔液化天然气"项目（据SEC标准已探明天然气储备为4910亿立方米），是中俄北极开发的重要合作项目之一，预计每年开采量超过270亿立方米。[2]

---

[1] Газпром.《Сахалин-3》. Режим доступа: http://www.gazprom.ru/about/production/projects/deposits/sakhalin3/.

[2] Novatek. (n. d.). "Yamal LNG Infrastructure." Available at: http://www.novatek.ru/en/business/yamal-lng/yamal_infrastructure/.

## 第四章 中俄北极合作的现状与前景

如果充分挖掘亚马尔半岛和格达半岛的开发潜力，将可在北极地区建造超过世界液化气总产量15%以上的液化天然气集群。[①] 俄罗斯联邦政府为"亚马尔液化天然气"项目提供资源开采及出口零关税、进口设备免交增值税的优惠条件。[②] 俄罗斯政府批准了中国丝路基金购买"亚马尔液化天然气"股份的政府间协议，目的是批准购买超过25%俄战略性企业股份的协议，而此前俄法律对外国公司的这种交易是禁止的。[③] 目前该项目股权结构为："诺瓦泰克"公司持股50.1%，道达尔公司持股20%，中国石油天然气集团公司持股20%，丝路基金持股9.9%。

"亚马尔液化天然气"项目的主要竞争优势是开采成本以及液化天然气成本较低，因为北极地区年均气温较低，开采和生产中可节省单位能源消耗。对于中国而言，液化气的供应比天然气管道运输具有更大利益（尤其是在建设"西伯利亚力量"管道还需要大规模投资的情况下）。由于石油价格持续低迷及全球所有新液化天然气厂不断投产，液化气价格不断下滑，这使得液化天然气资源极具吸引力。

俄罗斯总体上是支持"一带一路"倡议的，并希望中国参与北极地区资源开发和北方海航道的发展利用。迄今为止，两国在北极

---

① Эксперт Online. Интервью с губернатором Ямало-Ненецкого автономного округа Дмитрием Кобылкиным. Режим доступа：http：//expert.ru/2017/04/25/intervyu-s-gubernatorom-yamalo-nenetskogo-avtonomnogo-okruga-dmitriem-kobyilkinyim/.

② Мануков С. FT：финансирование《Ямал СПГ》-несомненный успех Москвы. Режим доступа：http：//expert.ru/2016/05/13/yamal/.

③ РИА Новости. Расширение участия Китая в《Ямал СПГ》даст России ＄2 млрд. инвестиций. Режим доступа：https：//ria.ru/east/20160122/1363092276.html.

的主要合作内容是开采矿产和其他自然资源。[①] 然而，俄罗斯经济因油价暴跌、西方制裁、外部现金流枯竭和内部结构性问题处于低迷状态，客观来说，俄罗斯在北极的资源开采及其他更广泛问题上需要强有力的合作伙伴。

为有效实施自然资源开发项目，必须建立起从俄罗斯北极到中国的相应的交通基础设施，尤其是建立北方海航道的深水港口及铁路网。若从基础设施建设角度来看，最吸引中国参与俄罗斯北极项目的是阿尔汉格尔斯克商用深水港和贝尔卡姆尔铁路干线项目。

在阿尔汉格尔斯克建设深水港，可以使中国大吨位船只经由北方海航道驶向欧洲或北美，因为该项目使港口能接纳排水量为7.5万吨和14.5米吃水深度的"Panamax"级货船，[②] 这对实现散货港口的转运非常重要。深水港项目计划建设以下六个独立码头：[③]

1. 散货码头，年吞吐320万吨，可接纳"Panamax"级货船；

2. 石油产品和凝析气油码头，年吞吐量1270万吨，可接纳LR-1级船舶；

3. 普通货物码头，年吞吐量450万吨，可接纳"Handsize"级散装船；

---

[①] Кокин С. В. Глубоководный район морского порта Архангельск: ключевой элемент Архангельской опорной зоны развития Арктики. – Архангельск: Архангельский транспортно-промышленный узел, 2017.

[②] Чистякова А. Архангельский глубоководный порт заработает в 2023 году. Режим доступа: https://rg.ru/2017/02/22/reg-szfo/arhangelskij-glubokovodnyj-port-zarabotaet-v-2023-godu.html.

[③] Белкомур. Глубоководный район морского порта Архангельск. Режим доступа: http://belkomur.com/apxport/.

4. 金属货物码头，年吞吐量 350 万吨，可接纳"Panamax"级货船；

5. 矿物肥料码头，年吞吐量 1100 万吨，可接纳"Panamax"型货船；

6. 木材码头，每吞吐量 300 万吨，可接纳"Handsize"型散装船。

到 2035 年，预计港口货物吞吐量为 3790 万吨（参见图 4—2），所需投资额约为 20 亿美元。

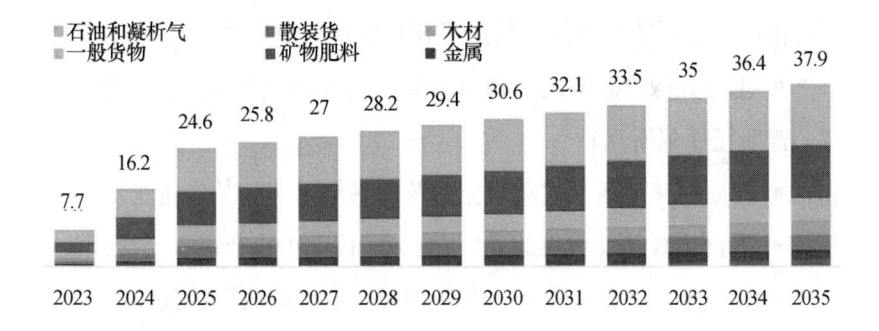

**图 4—2 阿尔汉格尔斯克深水港吞吐量前景预测（单元：百万吨）**

图片来源：Кокин С. В. Глубоководный район морского порта Архангельск: ключевой элемент Архангельской опорной зоны развития Арктики. – Архангельск: Архангельский транспортно-промышленный узел, 2017。

阿尔汉格尔斯克港的优势在于，中国船只可以全年东向沿北方海航道及西向沿挪威沿海自由进入欧洲港口。但如不能将自然资源开采地与中国、俄罗斯和欧洲的铁路网连接起来，那么建设这样的港口就没有任何经济意义。因此，必须建设"贝尔卡姆尔"铁路干线（白海—科米—乌拉尔）和"北纬通道"，才能实现北方海航道同俄罗斯铁路内网的连接，以及进一步将俄罗斯基础设施同中国铁路网相连。道路规划长度1250公里，其中新建部分为800公里，其余为已有道路的现代化改造，预计货运量为350万吨（主要是石油和自然资源）。[1]

虽然中国在北极的主要投资兴趣与资源开发和获取能源有关，但北极旅游业也应该值得关注，更何况中国公民在前往俄罗斯北极地区旅游的外国游客中占主导地位（参见图4—3）。与该地区其他国家相比，俄罗斯在接待中国游客方面具有一些竞争优势：[2]

- 生态和探险旅游地受到中国游客的青睐（新地岛，瓦伊加奇岛，普斯托泽尔斯克）；
- 对原住民生活方式和风土人情的兴趣（尤其是养鹿业）；[3]
- 美食旅游（北方民族的饮食），了解北方少数民族生活；[4]
- 北极地区捕鱼和狩猎，北极地区河流和湖泊中的鱼群；[5]

---

[1] Белкомур. О проекте Белкомур. Режим доступа：http：//www.belkomur.com/belkomur/2.php.

[2] Илькевич С. В., Стремберг П. Аспекты конкурентоспособности Ненецкого и Ямало-Ненецкого автономных округов как дестинаций арктического туризма // Сервис Plus. 2016. No. 3. C. 10 – 17.

[3] Ivanov, V. A. (2015). "State and Trends of Reindeer Breeding in the Arctic Region of Russia." Regional Research of Russia, 5 (2), 122 – 127.

[4] Киричук С. М., Силин А. Н. Этнографический и экологический туризм в северном регионе：значимость и проблемы // Известия высших учебных заведений. Социология. Экономика. Политика. 2013. No. 3. C. 43 – 45.

[5] Деревянко К. И., Лимонченко И. А. Развитие туризма на Ямале // Проблемы современной экономики. 2010. No. 2 – 1. C. 134 – 138.

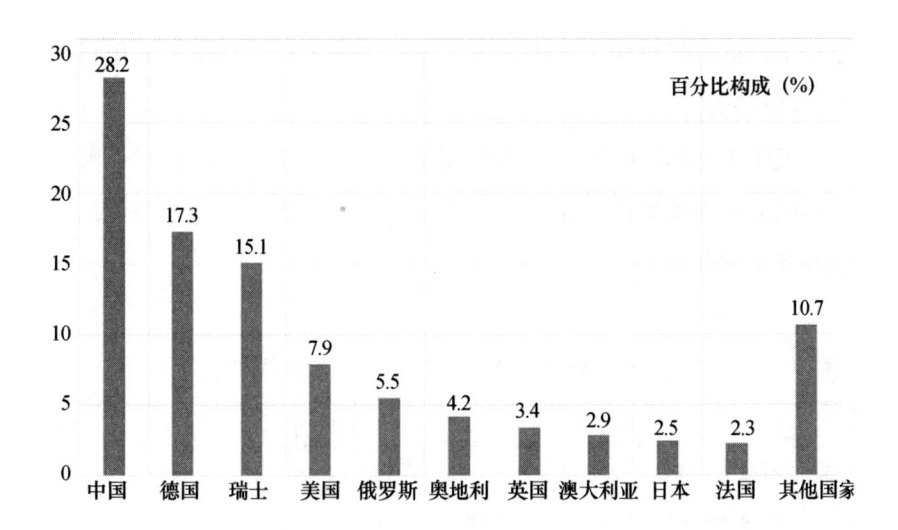

第四章 中俄北极合作的现状与前景

**图4—3 2016年"俄罗斯北极园"各国游客结构比例（%）**

中国 28.2；德国 17.3；瑞士 15.1；美国 7.9；俄罗斯 5.5；奥地利 4.2；英国 3.4；澳大利亚 2.9；日本 2.5；法国 2.3；其他国家 10.7

图片来源：Национальный парк《Русская Арктика》. Режим доступа：http：//rus-arc.ru。

- 可了解极地严酷环境下如何开采石油的工业旅游。

目前，俄罗斯北极地区游客量明显不足，甚至无法与挪威、丹麦、芬兰等邻国的北极地区相比。俄罗斯北极旅游业发展存在诸多问题，其中最为显著的是基础设施落后、对外国游客行政壁垒较高、价格昂贵。

## 第二节　北极开发与发展的国际科技合作

许多科研机构和民间组织都在开展对北极的研究。研究北极发展问题的主要学术组织和机构（参见表4—1），此表格不包括俄罗斯和中国的组织机构。本报告将在第三节主要介绍俄罗斯北极科研和生产机构。

近年来，国际极地研究机构按照以下形式组织开展活动：首先是在国际组织框架内，如北极理事会，讨论北极地区国家关切的问题及其发展前景。

表4—1　研究北极开发与发展问题的主要机构

| 机构 | 国家 | 网址 |
| --- | --- | --- |
| 国际北极科学委员会<br>International Arctic Science Committee（IASC） | 国际 | https：//iasc.info |
| 国际环极健康联盟<br>International Union for Circumpolar Health（IUCH） | 国际 | http：//iuch.net |
| 北极研究所<br>The Arctic Institute | 国际 | https：//www.thearcticinstitute.org |
| 北极大学协助网络<br>The University of the Arctic（UArctic） | 国际 | https：//www.uarctic.org |
| 欧洲极地理事会<br>European Polar Board（EPB） | 国际 | http：//www.europeanpolarboard.org |
| 北极研究委员会<br>United States Arctic Research Commission（USARC） | 美国 | https：//www.arctic.gov |
| 阿拉斯加大学<br>University of Alaska | 美国 | http：//www.alaska.edu/alaska |
| 罗格斯大学欧洲研究中心<br>Center for European Studies at Rutgers | 美国 | http：//www.europe.rutgers.edu |

续表

| 机构 | 国家 | 网址 |
|---|---|---|
| 卡尔加里大学北美北极研究所<br>Arctic Institute of North America, University of Calgary | 加拿大 | http://arctic.ucalgary.ca |
| 温尼伯大学<br>University of Winnipeg | 加拿大 | https://www.uwinnipeg.ca |
| 弗雷德弗南森研究所<br>Fridtjof Nansen Institute (FNI) | 挪威 | https://www.fni.no |
| 巴伦支研究所<br>The Barents Institute (BAI) | 挪威 | http://www.barentsinstitute.org |
| 挪威北极大学（特罗姆瑟大学）<br>UiT The Arctic University of Norway | 挪威 | https://en.uit.no |
| 挪威极地研究所<br>Norwegian Polar Institute | 挪威 | http://www.npolar.no |
| 挪威研究理事会<br>Research Council of Norway | 挪威 | https://www.forskningsradet.no |
| 瑞典极地研究秘书处<br>Swedish Polar Research Secretariat | 瑞典 | https://polar.se |
| 丹麦科技大学极地中心<br>Center for Polar Activities atthe Technical University of Denmark | 丹麦 | www.polar.dtu.dk |
| 冰岛大学<br>University of Iceland | 冰岛 | http://english.hi.is |
| 拉普兰大学北极中心<br>Arctic Centre at the University of Lapland | 芬兰 | http://www.arcticcentre.org |

续表

| 机构 | 国家 | 网址 |
| --- | --- | --- |
| 保罗—埃米尔·维克多极地研究所 The French Polar Institute（Institut Polaire Français Paul-Emile Victor（IPEV）） | 法国 | http：//www.institut-polaire.fr |
| 阿尔弗雷德—瓦格纳极地与海洋研究所<br>Alfred Wegener Institute（AWI） | 德国 | https：//www.awi.de |
| 剑桥大学斯科特极地研究所<br>Scott Polar Research Institute, University of Cambridge | 英国 | https：//www.spri.cam.ac.uk |
| 日本国立极地研究所<br>National Institute of Polar Research | 日本 | http：//www.nipr.ac.jp |
| 韩国极地研究所<br>Korea Polar Research Institute | 韩国 | http：//eng.kopri.re.kr |
| 韩国海洋水产开发院<br>Korea Maritime Institute（KMI） | 韩国 | https：//www.kmi.re.kr |

数据来源：作者自制。

2017 年，北极理事会成员国签署了具有法律约束力的科技合作协议（《关于加强北极国际科技合作的协议》），旨在简化进行科学研究时理事会成员国学者之间的协作[1]。

协议的目的是通过尽快落实所有必要程序，以简化国际科学研究程序。特别是"各方应尽最大努力协助自然人、研究平台、资料、

---

[1] Севунц Л. Страны Арктики подписали соглашение о научном сотрудничестве. Режим доступа： https：//thebarentsobserver.com/ru/arctic/2017/05/strany-arktiki-podpisali-soglashenie-o-nauchnom-sotrudnichestve.

样本、数据和设备进出其领土，允许参与者进入该国民用研究基础设施和站点，提供物流服务，包括设备和材料的运输与储存"。①

为进行科考活动，协议各方根据国际法，协助科考人员进入指定地理区域、陆地、海岸、大气和海洋空间，以促进研究活动的实施。并且，根据1982年《联合国海洋法公约》，各方在此协议框架下协助审查相关海洋科学研究的申请。此外，对北极理事会或成员国双方之间通过缔结专门协定所开展的、在特定区域内的空中数据采集活动提供特别协助。一些协议的章节专门讨论科学信息的问题，即如何获取开展研究活动必要的信息。确定北极理事会成员国将为全面和公开地获取科学数据提供支持，鼓励开放科学数据和数据处理结果，以最短时间通过互联网免费发布，或价格应不超过复印和邮寄成本。协议还宣布将对学生和年轻学者的科研活动提供更多的机会，鼓励运用传统和本地知识。②

在北极理事会的支持下，活跃着一些参与制定北极科学政策的国际组织。如国际北极科学委员会，它为全球从事极地研究的人员提供组织和开展研究、定期编写研究报告、召开国际会议的机会。③

国际北极科学委员会是非政府的学术组织，旨在促进所有参与

---

① Правительство Российской Федерации. Распоряжение от 19.04.2017 г. No. 735 - р《О подписании Соглашения по укреплению международного арктического научного сотрудничества》. Режим доступа: http://docs.cntd.ru/document/456059402#loginform.

② Данилов А. И. Россия подписала Соглашение по укреплению международного арктического научного сотрудничества // Российские полярные исследования: информационно-аналитический сборник. 2017. No. 2 (28). С. 7.

③ Пилясов А. Научные исследования и инновации в арктическом регионе. Режимдоступа: http://ecpol.ru/index.php/2012-04-05-13-41-25/2012-04-05-13-41-42/614-nauchnye-.

北极研究的国家在广泛问题上进行合作。委员会的活动内容包括：
- 在环北极或国际范围内发起、协调和促进科学研究活动；
- 提供支持科学发展的机制和工具；
- 提供有关北极科学研究的科学建议并传播科学信息；
- 确保北极科学数据和信息的保护、自由流通和开放；
- 促进所有地理区域知识和其他资源的国际共享；
- 提高新一代学者在北极工作的吸引力；
- 通过与其他科学组织的互动促进南北两极合作。①

国际北极科学委员会包括六个工作组，负责在相关领域具体实施北极地区的研究活动和国际合作：
- 消除北极污染工作组（ACAP）
- 实施北极监测和评估计划工作组（AMAP）
- 北极动植物保护工作组（CAFF）
- 预防、准备和应对紧急情况工作组（EPPR）
- 保护北极海洋环境工作组（RAME）
- 北极可持续发展工作组（SDWG）

现代极地研究具有国际性：由几个国家、国际或国立研究所或网络式组织共同努力实施。北极研究主要分为以下几个主题（参见图4—4）：
- 大陆架和海界的地理研究；
- 勘探自然资源储量、评估大陆和大陆架地区开发矿床可能性的地质研究；

---

① International Arctic Science Committee. Available at: https://iasc.info/.

● 分析生态问题、特别关注人类经济活动消极后果和可能对气候造成进一步破坏的环境研究；

● 关于北极开发和发展的社会经济研究，包括对自然资源矿藏开采的经济评估、运输走廊发展前景、森林、海洋和河流等自然资源潜力的利用；

● 研究保障北极生态持续发展、保护独特自然资源、永久冻土带问题，保障北极海域生物多样性、可持续渔业和粮食安全等问题；

● 安全领域的研究，包括对军事战略领域国际关系的分析。特别关注域内外国家之间为争夺北极潜在资源可能出现的冲突。

图 4—4　国际北极研究的主要方向

图片来源：作者自制。

北极地区目前的合作是以比几十年前更全球化和更具动态的形式进行的，而且这种国际化趋势将继续下去。北极研究的技术装备水平显著上升，研究项目参与国范围更为广泛，现在已不仅包括北极域内国家，也包括域外国家，比如中国。

实际上，所有国家在本国北极战略中，都没有像1990—2000年间西欧北极战略中那样号召封闭自然环境，而是强调国际治理条件下的合理利用，如开发新能源、采用先进标准开发生物和矿物资源、生态管理需基于生物多样性保护原则、尊重原住民的传统文化价值、遵照国际法、本着安全与环境友好的理念开发利用北极大陆架的能源资源。[1] 在位于北极地区的大学和研究中心的科研基础上，发展海洋（水域）集群。优先考虑开采大陆架矿产，并遵守严格的生态环境标准。[2]

美国的北极战略、保障原则、科学研究的组织结构是建立在国家、私营企业和科研团体共同努力之上的。该国的北极研究大多是基础研究，不太注重解决战略性经济问题。北极研究联邦委员会（USARC）确定的优先事项中有：制定应对北极突发事件办法、电信基础设施发展、自然资源管理、新能源、地区的可持续发展。[3] 美国

---

[1] Зайков К. С., Калинина М. Р., Кондратов Н. А., Тамицкий А. М. Стратегические приоритеты научных исследований России и зарубежных государств в арктическом регионе // Арктика: экология и экономика. 2016. No. 3 (23) . C. 29 – 37.

[2] Пилясов А. Н. Прогнозное развитие российской Арктики: трансформация пространства, внешние связи, уроки зарубежных стратегий // Арктика: экология и экономика. 2011. No. 2. C. 10 – 17.

[3] Павленко В. И., Подоплекин А. О., Куценко С. Ю. Система фундаментальных научных исследований в Арктике и реализация геополитических интересов циркумполярных стран // Арктика: экология и экономика. 2014. No. 4 (16) . C. 86 – 92.

极地研究的组织结构特征是技术装备与大学、联邦机构的多层次一体化形式,如美国地质勘探局、国家航空航天局、海洋和地球物理数据国家中心、国家科学院和大学,为开展北极研究可吸引外国合作伙伴建立联合会。同时,研究中心和大学的活动是基于共同项目和基础设施条件下开展的。①

加拿大北极研究的优先方向涵盖广泛的基础和应用领域:地质学、地球物理学、生物学、生态学、海洋学、气象学、社会和经济学科。加拿大极地委员会(CPC)的功能是从国家层面整合北极研究活动,其权限有监测北极科研活动、收集信息,并保障研究机构和大学的研究中心之间的协作。② 在资源保障方面,加拿大极地委员会负责建立研究伙伴关系,吸引投资,并为利用北极研究基础设施提供保证。该委员会还负责保障研究机构与北极常设观测站网(SAON)、加拿大大学北方研究联合会(42 所学校),以及由 145 名知名学者组成的加拿大研究中心网(ArcticNet)的互动合作,这些学者主要来自大学、联邦或地方科技交流机构。

丹麦北极科学研究的优先方向是矿产资源与生物资源的勘探、开采方法和管理,洋流、海洋、陆地冰川和冻土层、古气候研究,环境污染监测。丹麦北极战略强调必须定期监测气候变化,以及这些变化对格陵兰原住民传统自然资源利用、生命健康和社会福利的

---

① Conley, H., & Craut, J. (2010). "Arctic: An Assessment of Current Challenges and New Opportunities for Cooperation: A Report of the CSIS Europe Program." Washington: Center for Strategic and International Studies.

② Харевский А. А. Арктическая политика Канады: трансформация подхода к управлению северными территориями // Вестник Коми научного центра Уральского отделения РАН. 2011. Выпуск 2. С. 97 – 102.

影响。[①] 协调丹麦极地研究的主要机构是极地秘书处，由科技创新和高等教育部管理。自2013年以来，北极研究论坛为专家学者之间交流北极地区发展问题提供平台。丹麦极地研究的一大特色是以大学研究为主（奥胡斯大学北极研究中心，丹麦科技大学北极技术中心），而且在格陵兰岛也集中了一些基础和应用研究机构。

挪威北极科学研究政策的主要目标是保持其研究的领先地位，获得北方地区经济和社会发展所需的知识，加强科技在工业发展中的作用。负责北极研究战略顶层设计的机构是挪威科研理事会（NFR）和挪威极地研究国家委员会。这两个机构是聚集了国家、企业和私人资金，并基于竞争原则进行资源分配的专门中心。挪威北极研究体系的具体业务层面由专门的科研机构和公司、国立大学和学院来完成，这些机构进行学科范围广泛的北极研究活动，并利用船只、站点和地面基地部署陆海、空和太空监控系统。斯匹次卑尔根群岛在挪威北极研究政策中居特殊地位。斯瓦尔巴德科学论坛发挥科研协调的作用，群岛上有挪威的地图测绘基地、挪威极地研究所研究站，以及位于朗伊尔城的、世界最北端斯匹次卑尔根大学的科研中心（UNIS）。UNIS为致力于气候变化、北极生物、北极地质、地球物理和北极旅游领域工作的挪威国内外的学生及学者提供教学和实验平台。群岛内还坐落着一些非北极国家的科考站。

在芬兰，北极研究项目的编制和实施的责任由隶属于教育和文

---

[①] Denmark, Greenland and the Faroe Islands: Kingdom of Denmark Strategy for the Arctic 2011 – 2020. Режим доступа: https://ec.europa.eu/growth/tools-databases/eipraw-materials/en/system/files/ged/41%20mssdenmark_en.pdf.

化部的芬兰科学院承担。项目旨在加强跨学科研究国际网络、加强组织和资金支持，以及促进北极监测的发展。芬兰北极科研项目的主题包括：北极圈内地区的生活质量、经济和基础设施发展、气候和环境。芬兰环北极合作委员会在芬兰科学院理事会下设芬兰北极和南极研究委员会。芬兰北极研究没有独立的组织机构，科研任务分配到高度专业化的研究中心或大学。

瑞典北极政策的研究重点包括气候研究、环境监测、经济发展，以及人类活动对北方生态系统的影响、原住民对自然资源的利用等，其目的是为保证该地区的可持续发展。在国家层面上，由瑞典研究理事会和瑞典极地研究秘书处对科研活动进行管理。由这些机构制定的研究计划是重点研究领域的"路线图"和项目清单。

一些非北极国家，主要是日本和韩国，制定有北极研究规划，并有负责实施这些规划的国家机构和部门。这些国家的北极研究课题广泛，其中许多是与俄罗斯和其他北极国家合作开展的，其中包括地缘政治、经济（自然资源，物流运输）、环境生态和其它科技问题。日本、韩国、印度等域外国家对北极的研究兴趣主要是由气候变化和北极矿产资源所引发的。[1]

对于中国而言，北极地区最具前景的科研领域是：
- 北极自然资源，资源研究、地质勘探和工业开发技术；
- 北极地区的海上航线和交通运输；

---

[1] Зайков К. С., Калинина М. Р., Кондратов Н. А., Тамицкий А. М. Стратегические приоритеты научных исследований России и зарубежных государств в арктическом регионе // Арктика: экология и экономика. 2016. No. 3 (23) . С. 29 – 37.

- 北极科考；
- 参加北极问题科学研讨与专家的国际交流；
- 北极的国际法问题，明确北极的国际法律地位的活动；
- 北极和极地国家的政策与外交，寻找开发该地区的伙伴国；
- 北极军事战略形势，军事参与的前景和形式；
- 在北极开展活动的总体战略。①

从北极研究的角度看，可以说北极国际合作将会进一步发展，已经出现全球化、跨学科和社会化趋势。全球化意味着越来越多的非极地国家不可避免地将参与到北极的研究中。跨学科是指需要组织综合的研究活动，集聚社会科学和自然科学的研究力量。社会化说明社会取向的进一步强化，研究将更加关注人的问题。

至于北极的开发与发展，其未来科技合作的形式包括：

- 加强非国家机构在国际极地合作中的作用；
- 更紧密地将极地科学研究与智能服务结合起来，为国家机构、商业组织提供北极相关咨询；
- 发展北极科技专题旅游（如参观斯匹次卑尔根、北极点、北方民族村和小镇等）；
- 采用新的技术、交通和通信手段恢复传统的北极科考形式。

在北极战略实施方面，重点在于将参与北极研究国际项目与开发自然资源、挖掘交通潜力以及国家利益紧密联系起来。为在该地

---

① Иванов И. С. （ред.） Азиатские игроки в Арктике: интересы, возможности, перспективы. - Москва: Российский совет по международным делам, 2016.

区独立开展全面的科学研究，需要配备一整套基础设施：船队、服务基地、地面观测网，这些设施非常昂贵且效率不高。正因为如此，有必要寻求与国际伙伴建立网络协作机制，并与其分担北极科学研究的成本。

## 第三节 俄罗斯与中国合作的主要科研和生产单位

俄罗斯拥有涉及北极开发与发展领域的为数众多的科研院所、组织、大学和企业，它们分别从事技术、经济、社会、环境、气候、政治等领域研究。近年来，俄罗斯的北极研究体系着重两个优先方向。首先是以地质研究为主的俄罗斯北极大陆架勘探。这项任务十分艰巨，其中包括培养新一代专家、更新科考船只、使用新的仪器设备和地球物理方法对海底及大陆架下的地壳进行观测。其次是北极产业服务的智能化改造，它与北极地区特有的经济活动联系紧密，其中包括极地水文、冰情监测，通过卫星和地面观测网络为生态系统监测提供支持等。

在《到2020年俄罗斯联邦北极地区发展和国家安全战略》中所规定的重点领域是知识、参与和增长。[1] 该文件的基本原则是在最具前景的领域汇聚科技前沿知识、投资和生产潜力，建设区域社会和

---

[1] Правительство Российской Федерации. Стратегия развития Арктической зоныРоссийской Федерации и обеспечения национальной безопасности на период до 2020 года. Режим доступа: http://правительство.рф/docs/22846/.

经济核心区。俄罗斯北极政策的基础是利用知识和创新的升级维护国家安全、自然资源利用的可持续性、独特生态系统、区域社会的生命力等。俄罗斯的战略提出要填补北极自然知识系统的空白，这一任务只有在实现教育现代化、改造科研基础设施、提高学术流动性、加快成果和技术转移、建立环境监测信息与数据中心的条件下才有可能实现。另一项任务是加强在诸如现代地理信息研究理论和气候变化预测等方面的基础和应用研究。

俄罗斯北极科学研究的优先领域由其北极地区发展长期战略方向所确定，主要包括以下方面[1]：

- 研究和利用俄罗斯北极地区的矿产资源；
- 北极地区社会经济、基础设施、能源、交通和通讯领域发展的综合问题；
- 北极自然资源的利用；
- 综合安全问题与北极地区自然和人为因素造成的紧急状况的应对；
- 环境保护、生物多样性与生态安全；
- 俄罗斯北极地区居民生物医疗与社会医疗问题；
- 俄罗斯北极地区国家和市政管理，国土规划；
- 北方与北极原住民生活、居住环境与民族文化发展；
- 环北极国家北极基础研究和开发领域的活动。

---

[1] Павленко В. И., Подоплекин А. О. Научный компонент российской политики в Арктике: актуальные аспекты программирования и институционального обеспечения арктических исследований // Арктика: экология и экономика. 2015. №. 1 (17) . С. 4 – 9.

俄罗斯北极研究的主要机构和企业大多集中在莫斯科和圣彼得堡，以及北极地区内的俄罗斯大型城市。尽管俄罗斯出于国家安全考虑，部分北极研究项目涉密，但中国仍在很多方面可以与俄罗斯开展合作（参见表4—2）。

**表4—2　可与中国在北极开发与发展领域合作的俄罗斯主要科研机构**

| 机构 | 位置 | 合作方向 | 网址 |
| --- | --- | --- | --- |
| 北极公共科学院<br>Арктическая общественная академия наук（AOAH） | 圣彼得堡 | 北极国际科技和社会经济合作<br>环境安全、环境和水文监测 | http：//arcticas.ru |
| 南北极研究所<br>Арктический и антарктический научно-исследовательский институт | 圣彼得堡 | 北极冰川、水文、海洋、气象和现象预测<br>北方海航道航运的水文气象<br>大陆架项目的冰情研究 | http：//www.aari.ru |
| 卡尔平斯基全俄地质科学研究所<br>Всероссийский научно-исследовательский геологический институт имени А. П. Карпинского | 莫斯科 | 北极资源和储量地质测绘及预测评估 | http：//www.vsegei.ru/ru |

续表

| 机构 | 位置 | 合作方向 | 网址 |
|---|---|---|---|
| 全俄海洋地质与矿产资源研究所<br>Всероссийский научно-исследовательский институт геологии и минеральных ресурсов мирового океана имени академика И. С. Грамберга | 圣彼得堡 | 北极资源预测与量化评估<br>北极地质和地球物理学研究 | https://www.vniio.org |
| 俄罗斯马卡洛夫国立海事大学<br>Государственный университет морского и речного флота имени адмирала С. О. Макарова | 圣彼得堡 | 北极造船业<br>北方海航道航运的水文气象<br>船舶和动力工程设备<br>通讯系统和无线电导航设备 | https://gumrf.ru |
| 俄罗斯科学院远东研究所<br>Институт Дальнего Востока Российской академии наук | 莫斯科 | 中国参与北极理事会的前景<br>亚洲国家北极政策和对中国的挑战<br>中俄在北极的合作 | http://www.ifes-ras.ru |
| 俄罗斯科学院科拉科学中心<br>Кольский научный центр Российской академии наук | 阿帕季特 | 北冰洋海底地震勘探和海底勘测技术<br>环境安全技术与合理利用天然与人造材料<br>北极能源政策和开发环保能源 | http://www.kolasc.net.ru |

第四章　中俄北极合作的现状与前景 >>

续表

| 机构 | 位置 | 合作方向 | 网址 |
|---|---|---|---|
| 克雷洛夫国家科学中心 Крыловский государственный научныйцентр | 圣彼得堡 | 极地船舶建造、流体力学、强度、动力、电力能源系统和水声领域研究 大陆架平台建造设计 | http://krylov-center.ru |
| 俄罗斯涅韦尔斯科国立海事大学 Морской государственный университет имени адмирала Г. И. Невельского | 符拉迪沃斯托克 | 海洋激光监测技术，水下机器人 导航设备及综合使用方法 | http://msun.ru |
| 摩尔曼斯克国立北极大学 Мурманский арктический государственный университет | 摩尔曼斯克 | 北极地区自然、人类活动和社会过程的数学建模 北极地区社会经济系统 | http://www.mshu.edu.ru |
| 摩尔曼斯克国立技术大学 Мурманский государственный технический университет | 摩尔曼斯克 | 航海、渔业及船队运营 北极地球物理过程 | http://www.mstu.edu.ru |
| 俄罗斯科学院远东分院北极研究中心 Научно-исследовательский центр《Арктика》 Дальневосточного отделения Российской академии наук | 马加丹 | 北极极端气候和人为因素对人类的影响 北极条件下工作特点的社会经济评价 | http://arktika.north-east.ru |

续表

| 机构 | 位置 | 合作方向 | 网址 |
| --- | --- | --- | --- |
| 彼得罗扎沃茨克国立大学<br>Петрозаводский государственный университет | 彼得罗扎沃茨克 | 资源预测技术<br>节能技术、运输设备、工业设施定位<br>北方地区森林利用的创新技术<br>北冰洋流域河流和海洋水产养殖 | https://petrsu.ru |
| 克尼波维奇极地海洋渔业和海洋科学研究所<br>Полярный научно-исследовательский институт морского рыбного хозяйства ии океанографии имени Н. М. Книповича | 摩尔曼斯克 | 海洋生物资源开发，生物多样性保护和自然资源可持续利用的技术、环境和经济问题<br>海洋经济、水声和水下研究 | http://www.pinro.ru |
| 海上交通勘探设计和科学研究院海洋研究联盟<br>Проектно-изыскательский и научно-исследовательский институт морского транспорта《Союзморниипроект》 | 莫斯科 | 港口基础设施设计、建设和运营<br>航运法律调节<br>开发先进海运技术和物流运输技术系统 | http://www.smniip.ru |
| 俄罗斯国立水文气象大学<br>Российский государственный гидрометеорологический университет | 圣彼得堡 | 沿岸基础设施稳定性评估<br>北方海航道海洋条件和冰情的时空变化研究 | http://www.rshu.ru |

第四章 中俄北极合作的现状与前景

续表

| 机构 | 位置 | 合作方向 | 网址 |
| --- | --- | --- | --- |
| 俄罗斯战略研究所<br>Российскийинститут стратегических исследований | 莫斯科 | 俄罗斯和其他国家的北极政策<br>北极国际合作<br>域外国家参与北极开发与发展的机遇 | https：//riss.ru |
| 俄罗斯斯匹次卑尔根群岛研究中心<br>Российский научный центр на архипелаге Шпицберген | 圣彼得堡，斯匹次卑尔根 | 气象、气候、海洋、冰川、地球物理、地理和生物医学研究<br>北冰洋冰川和水体演变规律 | http：//rscs.aari.ru |
| 俄罗斯国际事务委员会<br>Российский совет по международным делам | 莫斯科 | 北极国际合作<br>非北极国家参与北极开发与发展问题 | http：//russian-council.ru |
| 俄罗斯北极开发中心<br>Российский центр освоенияАрктики | 萨列哈尔德 | 北极开发和发展的社会经济问题<br>北极地区的生态与可持续发展 | http：//rcoa.ru |
| 圣彼得堡国立海洋技术大学<br>Санкт-Петербургский государственный морской технический университет | 圣彼得堡 | 造船<br>船舶电磁安全<br>海洋电子系统<br>极地冰区技术 | http：//www.smtu.ru |
| 俄罗斯北方（北极）联邦大学<br>Северный（Арктический）федеральный университет имени М. В. Ломоносова | 阿尔汉格尔斯克 | 北极石油天然气研究<br>北极宇宙空间监测<br>北极生物监测技术 | https：//narfu.ru |

续表

| 机构 | 位置 | 合作方向 | 网址 |
|---|---|---|---|
| 俄罗斯东北联邦大学 Северо-Восточный федеральный университет им. М. К. Аммосова | 雅库茨克 | 常年冻土层矿物开采和加工综合技术 北极专用特殊性能新材料 | http：//www.s-vfu.ru |
| 俄罗斯西伯利亚联邦大学 Сибирский федеральный университет | 克拉斯诺亚尔斯克 | 国防、安全、生命系统保障设施 北极大陆架上水下地震勘探和矿物勘探，北冰洋底部水下航行器探测地质，地质勘探 能源，能源效率 北方地区的社会经济与技术支持 | http：//www.sfu-kras.ru |
| 俄罗斯远东联邦大学 Дальневосточный федеральный университет | 符拉迪沃斯托克 | 北极综合研究 北极国际法问题 极地工程、船舶、通讯 | https：//www.dvfu.ru |
| 俄罗斯科学院联邦北极综合研究中心 Федеральный исследовательски-й центр комплексного изучения Арктики имени академика Н. П. Лаверова Российской академи-и наук | 阿尔汉格尔斯克 | 北方海航道基础设施发展 北极社会经济发展 自然资源开发的地球动力学、地震、地理环境区划 北极矿产自然与人因过程及勘探 | http：//fciarctic.ru |

第四章 中俄北极合作的现状与前景

续表

| 机构 | 位置 | 合作方向 | 网址 |
| --- | --- | --- | --- |
| 俄罗斯科学院卡累利阿研究中心北方、北极与边境合作问题中心<br>Центр по проблемам Севера, Арктики и приграничного сотрудничества при Карельском научном центре Российской академии наук | 彼得罗扎沃茨克 | 北极生态旅游的有效组织方案<br>北极地区可持续发展<br>北极的社会经济发展 | http://north-centre.ru |
| 俄罗斯科学院欧洲研究所北欧中心<br>Центр Северной Европы Института Европы Российской академии наук | 莫斯科 | 部分北欧国家的政治和社会经济进程<br>北欧军事战略形势发展<br>北欧跨境与边境合作 | http://instituteofeurope.ru/struktura/otdel-stranovykh-issledovanij/category/centr-severnoj-evropy |
| 俄罗斯经济发展部生产力研究委员会北方和北极经济研究中心<br>Центр экономики Севера и Арктики Совета по изучению производительных сил при Министерстве экономического развития России | 莫斯科 | 俄罗斯北极地区发展战略<br>北极开发与社会经济发展<br>中俄北极发展与北极运输走廊合作 | http://www.sops.ru |

| 111 |

续表

| 机构 | 位置 | 合作方向 | 网址 |
|---|---|---|---|
| 俄罗斯海军中央研究设计院 Центральный научно-исследовательский и проектно-конструкторский институт морского флота | 圣彼得堡 | 海运经济和生态运输与供给船队的船舶设计 | http://cniimf.ru |

资料来源：作者自制。

# 第五章

# 东北地区参与中俄北极开发合作的战略与方向

## 第一节 东北地区参与"冰上丝绸之路"的主要方向

通过——"滨海1号""滨海2号"——符拉迪沃斯托克（海参崴）自由港——北极航线国际陆海物流通道，东北地区将成为"冰上丝绸之路"的重要枢纽之一，并将作为环东海经济圈中心地区辐射东北亚、亚太地区，连接欧亚大陆、北美。由东北地区参与共同改造俄罗斯基础设施建设的长远规划，将会形成新的中、俄、欧国际运输走廊体系中的"对角"方向。其中，贝尔卡姆尔（Belkomur）铁路干线可将中国、中亚国家和欧洲之间的一些路线（与目前使用的中国中部省份运输走廊相比）缩短800公里，并且直接将中国铁路网与北方海航道港口相连接，由此货物将从波罗的海国家港口重新分配到俄罗斯北部港口（阿尔汉格尔斯克和摩尔曼斯克）。

贝尔卡姆尔铁路干线北段与"北纬通道"的联通，将中国铁路基础设施与阿尔汉格尔斯克港以及正在建造中的萨贝塔港相连，发展潜力巨大。[1]"北纬通道"使中国在亚马尔半岛资源产地与正在建设的"新乌连戈伊天然气化工综合体"相连接。[2] 这样就形成了两个基础设施体系相互连接的物流方案：将俄罗斯能源和其他资源运送到俄罗斯北极沿岸，然后通过北方海航道运往中国东部，还可以将中国货物通过铁路运输到俄罗斯北极港口（主要是阿尔汉格尔斯克），之后沿海路向西运往欧洲和北美地区。

从中国东北部省份运输货物出口比经由南方省份更近、更方便（可使运输周期减少25%—30%，关税减少30%—50%），[3] 并且从发展规划看，通过贝尔卡姆尔铁路干线和"北纬通道"铁路交通系统运输可能会获得额外收益。然而尽管如此，这些竞争优势在进入俄罗斯铁路网时就将不复存在，因为俄罗斯西伯利亚大铁路和贝阿

---

[1] Боровков С. Северный широтный ход будет построен. Режим доступа：http：//www.rzd-partner.ru/zhd-transport/news/severnyy-shirotnyy-khod-budet-postroen/.

[2] Самофалова О. Важнейшую для России дорогу можно построить только на китайские деньги. Режим доступа：https：//vz.ru/economy/2017/3/30/864213.html.

[3] TKS.RU. Провинция Хэйлунцзян открывает три торгово-транспортных коридора《Китай-Россия-Европа》с опорой на Харбин. Режим доступа：http：//www.tks.ru/logistics/2014/12/04/0006.

铁路已超负荷运行，需要进行现代化改造。俄罗斯铁路货运发展缓慢，几乎80%的货物通过铁路进行运输，但一半以上的铁路设备却已经老化，在远东和西伯利亚地区尤其严重。远东地区的固定资产耗损程度已经达到70%，而黑龙江省与俄罗斯的货物贸易几乎90%都通过铁路运输。汽车运输方面，大多数公路和桥梁都无法保障大吨位货物通行。若使用水路运输，一方面，陈旧的港口设施不能满足要求，港口和火车站基础设施均不发达，不能保证俄罗斯海铁联运；另一方面，水路受季节性因素影响大，不能保证全年畅通无阻地运输货物。

开发经由北方海航道的替代贸易运输线路、参与"冰上丝绸之路"倡议的实施工作，将为东北地区带来独特的机遇，促进国内其他省份与俄罗斯、欧洲、北美、日本、韩国等地区的贸易进出口和跨境货物运输。中国在北极的利益，完全符合国家区域协调发展战略和充分发挥北方省份潜力、振兴东北老工业基地的新型战略布局。北极海上运输的发展将会改善整个中国尤其是黑龙江省的生产结构和交通运输环境。① 然而要落实此方案，黑龙江需要出海口，尤其是俄罗斯滨海边疆区和远东地区方向的出海口。出海口将使通向俄罗斯滨海边疆区的陆海运输走廊方案得到落实，打通经由俄罗斯纳霍德卡和扎鲁比诺港口，途经大连港，进入中国南方省份及日本和韩国的出口，为黑龙江省带来丰厚收益。

目前，黑龙江省和俄罗斯滨海港口的年货运量为2000万—2500

---

① Ли Ч. Китаю нужна большая арктическая стратегия. Режим доступа：http：//inosmi. ru/fareast/20150316/226900695. html.

万吨。潜在贸易货运量可能增加到6000万吨/年，主要是集装箱货物（约700万吨）和农产品（2500万吨）。① 为此，必须在黑龙江省发展一体化的跨境物流基础设施，并将其与通向符拉迪沃斯托克、纳霍德卡和扎鲁比诺海港的国际运输走廊"滨海1号"和"滨海2号"连接起来。②

黑龙江对接"滨海1号"运输走廊，是绥芬河——格罗德科沃——符拉迪沃斯托克（海参崴）——纳霍德卡和东方港口的货物运输路线。此外，通向扎鲁比诺港口的"滨海2号"运输走廊对黑龙江和吉林省来说也是前景广阔的。根据黑龙江省和吉林省向滨海边区港口运输不同种类货物的模型，黑龙江省牡丹江、佳木斯、大庆和其他城市的大部分大型工业中心都在纳霍德卡港口的辐射区内，而哈尔滨也在扎鲁比诺港的辐射范围内。扎鲁比诺港预计每年将达到50万个集装箱和1000万吨粮食的吞吐量。这里还可装卸滚装船和其他货物，并接纳客船。③ 借助这个通向俄罗斯港口的出口，中国出口商每年因距离缩短、成本和时间减少可节约高达7亿美元的开支。④

---

① PortNews. Провинция Хэйлунцзян планирует обеспечить порты Приморья грузопотоком более чем на 60 млн. тонн в год. Режим доступа：http：//portnews. ru/news/225606/.

② События дня. Как интегрировать МТК《Приморье－1》в экономику АТР. Режим доступа：https：//inforu. news/2016/09/22/1－1－12/.

③ Российско-китайский информационный портал РЖД. Транспортные коридоры. Режим доступа：http：//ruАндреев К. Зеленый свет МТК. Режим доступа：https：//www. eastrussia. ru/material/zelenyy-svet-mtk/. ssiachina-eastcargo. com/ru/transport-corridors.

④ Андреев К. Зеленый свет МТК. Режим доступа：https：//www. eastrussia. ru/material/zelenyy-svet-mtk/.

第五章　东北地区参与中俄北极开发合作的战略与方向

通过俄罗斯港口使中国东北地区物流运输网与北方海航道相联通，将"滨海1号"和"滨海2号"运输走廊融合成联通的服务系统，不仅服务于中俄地区货物运输，还为经北极交通走廊由亚太地区向北极地区、俄罗斯西部地区、欧洲和北美的洲际运输提供通道（参见图5—1）。

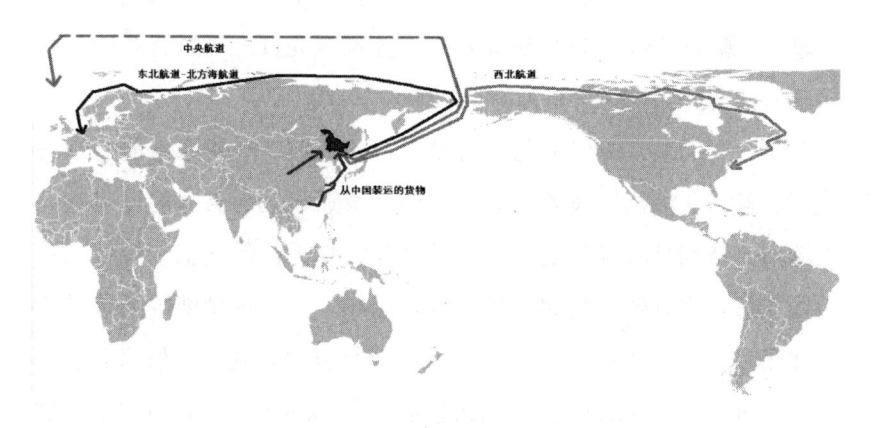

**图5—1　"冰上丝绸之路"框架下的出口物流通道**

图片来源：作者自制。

为使东北地区与俄罗斯港口的运输和物流走廊满载运行，必须为货主和承运人提供更多便利。然而目前中俄边境需要长时间等待通关，货物在海关停留时间平均不少于100小时，[①] 与经大连港的海上运输相比，"滨海1号"走廊在成本和距离方面缺乏优势。从牡丹

---

[①] Галушка А. До 1,5 раз может вырасти грузооборот портов Приморья в результате развития международных транспортных коридоров с Китаем. Режим доступа：http：//old. minvr. ru/press-center/news_minvostok/？ELEMENT_ID＝4100.

江经大连运往上海的集装箱运输时间为85小时，运输成本为1185美元。而从牡丹江到符拉迪沃斯托克（海参崴）的运输距离是经大连线路的1/3，但由于海关手续繁琐，使运输时间延长到近220小时，运输成本增加5%—15%。

如需改变这一状况，则应将货物过境时间缩短到5小时以内，将港口转运时间由目前的25小时缩短为10小时，将货物过境铁路运输关税降低50%。这样黑龙江—大连和黑龙江—滨海路线的货物运输时间实际相当，价格则降低10%—15%。

另一个问题是要保障北方海航道全年通航，以使这条航线获得经济利益。北极执行破冰领航任务的俄罗斯核动力破冰船队已经相当陈旧，特别是随着预期运输量的增长，将无法保证整个航线的可持续航行。现有破冰船无法领航大型船舶。三艘现役俄罗斯核动力破冰船将于2020年退役。东西伯利亚海部分海域到4月份只有装机容量超过100兆瓦的破冰船才能通航，[①] 所以俄罗斯宣布将建造一艘新式"领袖级"核动力破冰船，可领航大吨位船只，开辟宽达50米的通道，破冰厚度达4米，速度可达10节。[②] 但是，俄罗斯对国家北极开发规划项目拨款的不确定性和破冰船队现代化改造资金的减少，都将阻碍其建造进程。[③] 建造"领袖级"核动力破冰船这样装机容量达120兆瓦破冰船的预算为12亿美元，因此俄罗斯正在讨论

---

[①] Арутюнян В. Г. Организация круглогодичной навигации на Северном морском пути. Режим доступа: http://www.proatom.ru/modules.php?name=News&file=article&sid=7730.

[②] Литовкин Д. Атомоход《Лидер》обрел окончательный облик. https://iz.ru/news/651238.

[③] Науменко С. Россия сворачивает наступление на Арктику. Режим доступа: http://maxpark.com/community/4788/content/5828193.

## 第五章 东北地区参与中俄北极开发合作的战略与方向

经济衰退时期建造这种破冰船的必要性，以及建造两艘装机容量60兆瓦破冰船来取代120兆瓦破冰船的合理性。俄政府也有可能将这项耗资巨大的项目完全推至不确定的将来。① 因俄罗斯的"联合造船公司"受到制裁，导致其管理的造船厂也很难完成增加建造破冰船的任务。②

而在通航船舶数量不足的情况下，俄罗斯破冰船的服务费将会居高不下，这将阻碍北方海航道的发展。即使特大功率的破冰船也无法保证北极水域全年按时航行，而至少需要两艘"领袖级"的破冰船，但俄罗斯目前尚不具备这样的资源。虽然中国利用北方海航道的次数增加，但由于陈旧的低功率破冰船，并伴随着延误的风险，特别是在不具备为大吨位船舶领航能力的情况下，继续支付俄罗斯破冰船高额的服务费将是非常不经济的选择。另一方案则是中国将打造自己的破冰船舰队。

## 第二节 参与中俄北极地区发展合作的主要方向

根据俄罗斯联邦工业和贸易部的资料，俄罗斯境内目前有1437家企业生产适用于北极地区使用的高科技工业产品或提供服务。它们的产品类别、区域分部和数量如表5—1所示。根据哈尔滨工程大

---

① Павловский С. В России скоро начнут строить сверхмощный ледокол《Лидер》. Режим доступа：https：//teknoblog. ru/2017/03/30/76439.

② ТАСС Дальний Восток. Путь развития. Режим доступа：https：//dv. land/spec/severny-morskoy-pyt.

学俄罗斯乌克兰研究中心的三年行动规划，中心将在2020年前完成有关俄罗斯北极国际科技合作及极地产业调查。

图5—2 俄罗斯联邦区划分

图片来源：作者自制。

东北地区可以结合自身的产业基础和特点与俄罗斯企业或机构开展合作，构建北极开发装备制造、科学研究、人才培养的"产学研"一体化跨境产业链、极地产业集群和极地开发国际合作中心。

中俄北极合作的产业领域研究尚处于起步阶段，需要搜集和整理大类的文献信息。本报告初步整理了一些领域和方向（参见表5—2），尚需修订与完善。在后续的研究工作中将开展更为深入的中俄极地科技与产业调查，更紧密结合地区的产业基础、合作需求和国家重大战略方向，研究并论证优先领域的合作方案与实施路径。

## 第五章 东北地区参与中俄北极开发合作的战略与方向

**表5—1 适用于俄罗斯联邦北极地区需求的高科技工业产品与服务机构分布数量表**　　（单位：企业数）

| 联邦区 | 企业数量产品类别 | 交通工具 | 建筑、公路、专用装备 | 能源和电力设备 | 通讯工具 | 监控、管理、实验和检测系统与装备 | 采掘工业设备 | 专用构件和材料 | 其他相关产品和服务 | 企业总数 |
|---|---|---|---|---|---|---|---|---|---|---|
| 1 | 中央联邦区 | 4 | 11 | 24 | 49 | 53 | 64 | 7 | 8 | 220 |
| 2 | 西北联邦区 | 4 | 9 | 12 | 16 | 19 | 26 | 36 | 43 | 165 |
| 3 | 南方联邦区 | 4 | 6 | 8 | 13 | 16 | 19 | 22 | 25 | 113 |
| 4 | 北高加索联邦区 | 4 | 0 | 6 | 11 | 14 | 0 | 18 | 0 | 53 |
| 5 | 伏尔加联邦区 | 4 | 11 | 19 | 35 | 38 | 42 | 54 | 63 | 266 |
| 6 | 乌拉尔联邦区 | 4 | 11 | 19 | 35 | 38 | 42 | 54 | 63 | 266 |
| 7 | 西伯利亚联邦区 | 4 | 11 | 17 | 28 | 31 | 39 | 47 | 53 | 230 |
| 8 | 远东联邦区 | 4 | 8 | 11 | 15 | 17 | 21 | 23 | 25 | 124 |
| 合计 | 32 | 67 | 116 | 202 | 226 | 253 | 261 | 280 | 1437 | |

资料来源：俄罗斯联邦工业和贸易部。

**表5—2 可开展北极开发合作的产业领域**

| 活动领域 | 技术、设备和工业产品 |
|---|---|
| 自然资源开采 | • 油气开采海上平台<br>• 井口设备<br>• 自喷井口装备<br>• 钻探设备 |

续表

| 活动领域 | 技术、设备和工业产品 |
| --- | --- |
| 自然资源开采 | • 计算机海洋开采监测仪<br>• 智能钻井控制系统<br>• 过境区域水下和海洋地震勘探的软硬件一体化便携设备<br>• 分层开采设备<br>• 测试电缆和钻孔成套设备<br>• 天然气净化、液化、贮存和运输技术<br>• 钻井生态保障技术<br>• 处理含油废物通用装置<br>• 工艺模块和使用混合制冷剂生产液化天然气的低温换热器<br>• 超深井钻探技术<br>• 铬铁矿、铜镍矿和金矿的勘探开采技术<br>• 聚合物内涂层和外覆聚乙烯绝缘钢管<br>• 真空隔膜泵<br>• 自升钻机<br>• 船用旋转闸门和船用泵 |
| 北方海航道航行保障 | • 联合研发设计破冰船,包括领航破冰厚度超过 2 米的重型破冰船<br>• 联合研制、设计和建造单独的破冰船船舱<br>• 联合研制用于运输液化天然气的增强型冰级 Arc7 的大吨位油轮船舱<br>• 进行疏浚工程的技术和工具 |

## 第五章 东北地区参与中俄北极开发合作的战略与方向

续表

| 活动领域 | 技术、设备和工业产品 |
| --- | --- |
| 北极运输和专用机械制造 | • 多用直升机<br>• 联合设计制造各种用途的小吨位和中吨位船舶<br>• 履带式输送机和全地形车<br>• 高度通行能力的交通工具<br>• 半挂牵引车、自卸车、平板卡车<br>• 气垫船<br>• 油船、驳船和甲板装备<br>• 钻机和矿山采掘系统<br>• 小型钻机<br>• 起重设备、起重机和起重机械操作装置<br>• 桩液压破碎机<br>• 桥梁施工创新技术和设备<br>• 自动平地机 |
| 北极基础设施的能源供应 | • 海上平台电力能源系统<br>• 浮式小型核电站<br>• 自动柴油发电站<br>• 微型燃气轮机发电站<br>• 涡轮增压器<br>• 气压调节装备<br>• 固体燃料锅炉<br>• 烧水锅炉和蒸汽锅炉,锅炉模块<br>• 板式换热器<br>• 以新能源一体化自动发电机组<br>• 气体活塞电站<br>• 各种用途的动力电缆 |

续表

| 活动领域 | 技术、设备和工业产品 |
|---|---|
| 北极基础设施的能源供应 | - 潜油泵电缆<br>- 工业风扇<br>- 电力交换设备<br>- 太阳能模块<br>- 变压器设备<br>- 直流焊机 |
| 通讯设施 | - 用于互联网接入的卫星移动和船用天线，无线电通信和无线电遥测设备<br>- 圆形阵列天线<br>- 用于对流层和卫星通信的反射天线<br>- 无绳电话对讲机<br>- 远距离自动通信设备<br>- 遥感信息接收站<br>- 保障货船和破冰船航行的导航设备<br>- 北极冰情勘察无人机 |
| 监测、控制、实验和识别系统与设备 | - 无人水下设备<br>- 自动定位水文测量站<br>- 无人机北极地区大型基础设施空中监测系统<br>- LED信息显示设备<br>- 电力电缆和变电站的诊断和测试设备<br>- 气体分析仪<br>- 移动数据中心 |

## 第五章 东北地区参与中俄北极开发合作的战略与方向

续表

| 活动领域 | 技术、设备和工业产品 |
|---|---|
| 极地环境中使用的特殊构件和材料 | • 隔热板<br>• 高强度结构塑料<br>• 复合配件，软体复合网及连接件<br>• 高强度玻璃钢窗<br>• 建筑泡沫隔热材料<br>• 超高分子聚乙烯纳米复合材料 |

俄罗斯北极开发和发展的主要问题是要改变技术或设备缺乏与不完善的状况，但由于受到西方制裁的原因，近期恐怕不会有太大改善。在当前俄罗斯技术水平下，俄罗斯北极410万平方公里领土的开采面积不足4万平方公里。[①] 开发北极大陆架需要有固定式海上平台，复杂的冰情使得浮动平台在北极不适用。而俄罗斯没有建造固定式平台的技术，"俄罗斯天然气公司"目前在近200个领域中存在装备或技术短缺问题：如海底开采专门设备（井口设备、自喷井口设备、挠性钻机）、海底地震监测系统和监测站、海洋电子勘探设备和水下钻井成套设备等，而这些俄罗斯都不生产。[②] 俄罗斯联邦工业和贸易部承认，俄海工装备与极低温度条件下海上救援技术和能

---

[①] Топалов А. Нефтяники потянулись на север. Режим доступа：https：//www. gazeta. ru/business/2017/03/29/10601189. shtml.

[②] Ласкутова А. Скованные одними льдами. В российскую Арктику предложено пустить иностранцев и частные капиталы. Режим доступа：https：//www. nakanune. ru/articles/112195.

力不足。① 此外，还必须开发新的耐侵蚀材料，耐低温新合金材料，特别是用于输送能源的材料。②

从"亚马尔液化天然气"项目的生产角度看，俄罗斯在液化天然气低吨位生产领域拥有自己的技术，大吨位项目中则主要使用外国技术和设备。由于西方国家的制裁，一些公司被迫从俄罗斯市场撤出，在此情况下，中国企业可以在天然气净化、液化、贮存和运输方面占领一席之地。液化气和其他矿产资源利用冰级Arc7船舶运输，由于没有足够大的建造场地，俄罗斯目前无法建造这种船只，所以只能从韩国订购。③ 从长期看，中国自己研制和建造破冰船、极地船舶和海工装备，可以减少对俄罗斯破冰船和船只的依赖，保证液化天然气不只来自亚马尔，而且还来自包括美国在内的北极其他工厂，保障液化天然气不间断和廉价供应。

北极开发的重要任务之一是保证可持续的电力供应。浮式核电站是解决这个问题的一个备选方案。尽管急需数十个这样的小功率电站，但在俄罗斯北极地区目前尚未投入使用。④ "罗蒙诺索夫院士"号浮式核电站计划于2019年在北方海航道（佩韦克港口）安

---

① Министерство промышленности и торговли Российской Федерации. Минпромторг продолжит поддержку импортозамещающих проектов по освоению шельфа. Режим доступа：http：//minpromtorg. gov. ru/press-centre/news/#! minpromtorg_prodolzhit_podderzhku_importozameshhayushhih_proektov_po_osvoeniyu_shelfa.

② Скляренко М., Подплетько К. Импульс от импортозамещения. Режим доступа：http：//expert. ru/northwest/2016/40/impuls-ot-importozamescheniya/.

③ Humpert, A. M. (2017). A New Era of Shipping Traffic on the Northern Sea Route. Available at：http：//www. highnorthnews. com/a-new-era-of-shipping-traffic-on-the-northern-sea-route/.

④ FB. RU. Плавучая АЭС《Академик Ломоносов》. Режим доступа：http：//fb. ru/article/231910/plavuchaya-aes-akademik-lomonosov-plavuchaya-aes-v-kryimu-plavuchie-aes-v-rossii.

装,类似项目已在英国、德国和美国进行研发,但是考虑到经济上没有前景,这些国家都抛弃了浮式核电站。建设"罗蒙诺索夫院士"号浮式核电站的成本约9亿美元[242],① 北极人烟稀少,且资源开采地与交通枢纽距离很远,大量利用浮式核电站,将使成本高得离谱。而且,为保证运行安全,避免强风暴或海啸状况下的技术灾害的发生,10%的成本将用于建设沿海基础设施。

尽管该项目经济前景并不明朗,以及其安全保障面临诸多挑战(除了应对自然灾害,还要保护反应堆免受恐怖袭击),中国北极项目需要可靠的能源保障。因此对于中国来说,与俄罗斯合作研发和建造浮式核电站仍具有潜在的战略利益空间。

中俄北极合作应该从自然资源的开发与运输通道建设拓展到装备制造业、加工业、旅游业、农业、渔业,以及促进北极地区和区域可持续发展的其它领域。东北地区与俄罗斯远东及西伯利亚地区的合作前景亦十分丰富,堪察加境内可以以温泉、山地滑雪基地和探险旅游中心为基础建立旅游休闲基地;与楚科奇自治区和马加丹在鹿产品生产和加工,及传统手工业领域合作;与雅库特共和国北部地区在皮革和毛皮制品,与萨哈林岛在鱼类、海鲜和海产养殖深加工领域开展投资项目合作[244]②。

---

① Попова Н. Атомная баржа. Режим доступа: https://versia.ru/neprilichno-dolgij-srok-stroitelstva-plavuchej-ayes-akademik-lomonosov-vyzyvaet-mnogo-voprosov.

② Иволга А. Г. Сотрудничество России и Китая в сфере развития арктического туризма: инновационный аспект. // Сотрудничество Китая и России в рамках инициативы 《Один пояс, один путь》: сборник научных трудов по материалам Международной научно－практической конференции (г. Москва, 11 сентября 2017 г.). － Харбин, КНР: Харбинский инженерный университет, 2017. － С. 320－327.

## 第三节　极地科技产业集群建设初步设想

东北地区可基于自然禀赋条件成为我国参与俄罗斯北极开发的装备、科技、能源、投资、加工、物流、渔业、旅游和人文交流的基地核心区。极地开发所需的大量工程装备、设施、材料，以及域内外国际产业链建设契合东北地区重化工业基础和地理条件。极地科技产业集群可以作为参与"冰上丝绸之路"建设和中俄在北极合作的形式之一。要建立产业集群结构，需具备若干核心要素，并保证各要素直接有效的互动与促进作用。极地科技产业集群为北极开发提供知识支撑，通过促进东北地区老工业基地改造提高相关和配套企业水平及国际陆海交通走廊的建设，促进地区经济多元化，促进交通、能源、通讯基础设施发展，建立跨域的北极开发多层次国际产业合作链。

极地科技产业集群包括极地工程装备、极地船舶与海洋研究设计单位、大学和研究所，北极地区自然资源开发、航运、地质、辅助设备以及能源系统技术的研发机构与企业，此外还应包括管理公司、船舶代理商、经纪人、保险公司和金融投资集团。除极地科技产业集群组织外，系统的最重要部分是这些参与单位之间的互动机制，它将决定集群运作的有效性。

极地科技产业集群活动包括八个主要领域：交通物流与出口产业、资源开发技术和设备、北方海航道通航保障系统、极地开发工程装备、极地基础设施电力供应、极地特种材料研发与生产、商业信息支持与科学研究活动（参见图5—3）。

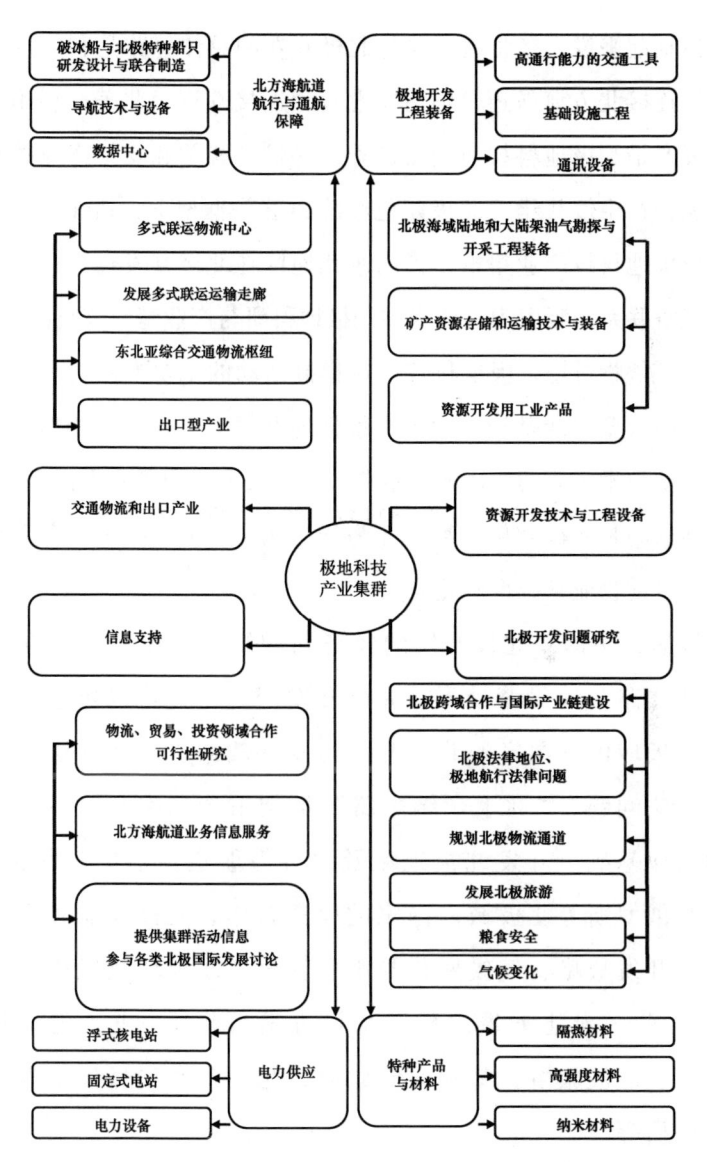

第五章 东北地区参与中俄北极开发合作的战略与方向

图5—3 极地科技产业集群构想图

图片来源：作者自制。

概括起来说，东北地区参与北极开发的总体思路是利用国际陆海通道连接北方海航道，辐射东北亚，连接欧洲、北美，利用冷资源发展寒带和极地科技与装备产业，并带动相关和支持产业的集聚和发展，在中俄共建"北极蓝色经济通道"框架下，抓住机遇，合理定位极地科技产业集群，提高东北地区在北极开发过程中的国际技术经济联系与吸引力，成为中国极地科研与产业基地核心区。

除了货物过境，极地科技产业集群活动的主要方向之一是发展自己的出口型产业基地，满足中俄极地开发对工程装备的需求。其中，高新技术企业的作用尤其重要。从开发北极自然资源的角度看，极具前景的是北极和俄罗斯远东海洋生物资源开发、水产养殖以及加工和冷链物流基础设施建设。

目前，中国对北极开发的经济问题缺乏系统研究。在"冰上丝绸之路"建设背景下，北极开发问题研究可以包括以下内容：北极域内外国家的北极开发与发展战略、北极的法律地位与国际法问题、"冰上丝绸之路"框架下中国参与北极国际合作的法律基础、开发北极地区及北方海航道通航的法律问题、中国与俄罗斯等北极域内国家的投资合作、北极渔业和海洋生物资源开发战略、气候变化与粮食安全、北极环境保护与可持续性发展、"冰上丝绸之路"建设方案与路径、北方海航道开发利用、北极旅游、基础设施建设、北极开发项目技术经济及风险评估等。

重点工作内容应包括：制定"冰上丝绸之路"建设发展方案与实施路径、论证国际陆海联运北方海航道的通道规划与物流中心建设方案、发展寒带与北极探险、科技与民俗旅游业,比较东北地区参与北极开发国际与国内合作的前景、优势,并制定竞争力提升方案、建立北极和北方海航道开发信息中心、组织高水平的北极国际科技与开发论坛、建设极地工程装备与科技产业集群、组建中俄北极开发综合研究中心,等等。

## - 后　记 -

　　北极不仅对北极国家，而且对整个国际社会都具有重要的战略意义。中国是近北极国家，是北极利益攸关方，自然而然地会受到该地区各种进程的影响，特别是气候变化、自然资源和生物资源的利用。共建"冰上丝绸之路"和"蓝色经济通道"，将北极可持续发展与国际治理融入"一带一路"倡议，需要各方做出巨大的努力，克服一系列的障碍。

　　俄罗斯是北极地区主要国家，控制着北冰洋大部分沿岸地区的自然资源和交通走廊，中俄在北极开发方面的合作势在必行。中国急需制订与俄罗斯北极开发合作的方案、路径与对策。俄罗斯正遭受西方制裁，迫切希望吸引中国到该地区投资。鉴于北极地缘政治的重要性和其独特的资源潜力，中国在该地区与俄罗斯合作的重点

## 后　记

在近期内应主要集中在极地资源开发，以及北方海航道的开发和利用方面。

对北方海航道在通航与水文方面的研究虽然已经具备较好基础，但是人们对其商业利用前景方面仍存在很多疑虑。"冰上丝绸之路"的建设路径和方案，也尚有待系统和深入地研究和论证。近三年来哈尔滨工程大学俄罗斯乌克兰研究中心在这一领域的主要研究计划包括：推进"冰上丝绸之路"中俄北极开发合作路径和方案，中俄北极开发投资合作模式、机制及影响因素，北极资源开发可持续性与环境保护，北极旅游潜力与合作开发路径，俄罗斯北极国际科技合作与极地产业调查等。

研究中心将从俄罗斯国别与区域视角，开展跨学科的北极开发综合研究，支持哈尔滨工程大学发挥"三海一核"寒区综合技术与国际合作优势，建设极地大科学与工程装备产业集群，力求实现北极社会科学与自然科学研究领域的融合。我们同时也欢迎国内外同行积极参与，开展联合研究。

最后特别感谢黑龙江大学徐丽红老师和研究生邓秀茹、李洋、张旭对本报告编写过程中大量俄文文献的翻译工作。

高天明

2018年3月于哈尔滨

图书在版编目（CIP）数据

中俄北极"冰上丝绸之路"合作报告.2018/高天明主编.
—北京：时事出版社，2018.10
ISBN 978-7-5195-0221-8

Ⅰ.①中… Ⅱ.①高… Ⅲ.①中俄关系—国际合作—研究报告—2018②北极—海洋战略—研究报告—俄罗斯—2018 Ⅳ.①D822.351.2②E815

中国版本图书馆 CIP 数据核字（2018）第 107585 号

出 版 发 行：时事出版社
地　　　　址：北京市海淀区万寿寺甲 2 号
邮　　　　编：100081
发 行 热 线：（010）88547590　88547591
读者服务部：（010）88547595
传　　　　真：（010）88547592
电 子 邮 箱：shishichubanshe@ sina. com
网　　　　址：www. shishishe. com
印　　　　刷：北京朝阳印刷厂有限责任公司

开本：787×1092　1/16　印张：9　字数：100 千字
2018 年 10 月第 1 版　2018 年 10 月第 1 次印刷
定价：90.00 元

（如有印装质量问题，请与本社发行部联系调换）